COME DIVENTARE DEI

Eserciziario

ACCESS CONSCIOUSNESS®

"Tutta la Vita Ci Viene con Facilità, Gioia e Gloria!™"

con Gary M. Douglas

Titolo originale dell'opera: HOW TO BECOME MONEY

Pubblicato da Access Consciousness Publishing, LLC

www.accessconsciousnesspublishing.com

ISBN 978-1-63493-026-0

Con la collaborazione di:
Alice Gabrielli *(Traduzione)*
Lidia Lucia *(Editing)*
Alessandro Pallavicini *(Impaginazione)*
Igor Andreotti *(Revisione)*

Prima edizione italiana febbraio 2011.

www.accessconsciousness.com
www.access-italia.it

Pubblicato da

Access Consciousness Publishing, LLC

www.accessconsciousnesspublishing.com

Stampato negli Stati Uniti d'America

Indice

Introduzione

Gary Douglas (fondatore di Access Consciousness®) originariamente canalizzò queste informazioni da un'entità di nome Raz. Attualmente Gary non canalizza più. Quella che segue è la trascrizione di quanto detto durante un seminario.

Access potenzia la tua capacità di conoscere ciò che già sai. Si tratta di consapevolezza. Tu sei la persona che sa ciò che è giusto per te.

Per favore, utilizza questo libro come uno strumento per alleggerire i folli e limitati punti di vista che hai creato riguardo al denaro, per vivere la tua vita con facilità e con molti più soldi e flusso di liquidità.

Per maggiori informazioni su Access Consciousness® e per ulteriori prodotti e seminari su tutti i temi della vita - lavoro, denaro, relazioni, sesso, magia, corpi e altro - consulta il nostro sito. Fai e sii qualunque cosa sia necessaria per creare e generare la TUA vita e il piacere di vivere in modo tale che siano più di quanto hai mai percepito fosse possibile!

www.accessconsciousness.com

TRASCRIZIONE DI UN SEMINARIO CON GARY DOUGLAS
MENTRE CANALIZZA UN'ENTITÀ DI NOME RAZ

Gary: Questo seminario sul denaro sarà una nuova esperienza per me. Non so come sarà per voi. Assicuratevi di avere quaderni per prendere appunti, penne o matite e tutto quello che vi serve, perché avrete molto da fare qui stasera.

Da quel poco che Raz mi ha detto, stasera succederanno molte cose.

Ancora una volta lui vi chiederà di offrirvi volontari per fare un passo avanti e per essere uno specchio per le altre persone che sono qui. Quindi, se questo è un problema per voi, avvolgetevi in una coperta in modo tale che lui non possa vedervi, altrimenti ve lo chiederà. Niente di quello che succederà dovrà mettervi in imbarazzo, perché la verità è che non c'è nessuno qui che non abbia esattamente lo stesso problema che avete voi, in una forma o in un'altra. Non fa nessuna differenza se avete un milione di euro o cinquanta centesimi, i temi che riguardano il denaro sono difficili per tutti.

Allora cominciamo.

Domande dell'Eserciziario

Stasera parleremo di come "essere" denaro. Ciò che voi siete è energia, ciò che voi sarete è energia, ciò che voi siete stati è energia. Ciò che è denaro è energia.

Mentre risponderete alle domande che vi faremo, accertatevi di rispondere in un modo che sia onesto per voi stessi e non per le persone che sono intorno a voi. Ogni vista punto di vista che avete creato a proposito del denaro crea delle limitazioni e dei parametri attraverso i quali ricevete il denaro.

Qualsiasi cosa voi creiate, viene creata anche dagli altri. Siate completamente onesti con voi stessi, altrimenti prenderete in giro soltanto voi stessi. Tutti gli altri conosceranno in ogni caso i vostri segreti.

Ricordate che il tema che tratteremo qui non è considerato un tema leggero, ma dovrebbe esserlo. La leggerezza è divertente, è come un gioco. Voi potete ridere, va tutto bene. Quindi preparatevi a essere gli esseri luminosi che siete.

Se desiderate veramente ottenere dei risultati, rispondete a tutte le domande di questa sessione prima di passare al prossimo capitolo.

Rasputin: Salve.

Studenti: Buonasera, Rasputin.

R: Come state? Allora, questa sera parleremo di ciò che vi sta più a cuore: i soldi. Il fatto è che il denaro non è il problema che pensiate sia. Noi vi aiuteremo a imparare a relazionarvi con il denaro non come se gestiste una situazione che cambia di momento in momento, ma come se si trattasse di consentire all'abbondanza di esistere. Questa è la verità del vostro essere.

Dunque, cominciamo. Noi vi facciamo la domanda: "Che cosa sono i soldi?" e voi scrivete tre risposte.

Non scrivete ciò che pensate dovrebbe essere la risposta "giusta", perché non esiste una risposta giusta. Permettete alle vostre menti di volare via e lasciate che la risposta sia ciò che è vero per voi in questo momento.

DOMANDA UNO: Che cosa sono i soldi?

Risposta 1:

_____

_____

_____

_____

Risposta 2:

_____

_____

_____

Risposta 3:

_____

_____

Siete tutti pronti? La seconda domanda è: "Che cosa significano i soldi per te?". Scrivete tre risposte.

DOMANDA DUE: Che cosa significano i soldi per te?

Risposta 1:

_____

_____

_____

_____

Risposta 2:

_____

_____

_____

_____

Risposta 3:

_____

_____

_____

_____

La terza domanda è: "Quali sono le tre emozioni che provi quando pensi ai soldi?".

DOMANDA TRE: Quali sono le tre emozioni che provi quando pensi ai soldi?

Risposta 1:

_____

_____

_____

_____

_____

Risposta 2:

_____

_____

_____

_____

Risposta 3:

_____

_____

_____

_____

Domanda numero quattro: "Quali sensazioni ti danno i soldi?".

DOMANDA QUATTRO: Quali sensazioni ti danno i soldi?

Risposta 1:

_____

_____

_____

_____

_____

Risposta 2:

_____

_____

_____

_____

Risposta 3:

_____

_____

_____

_____

Prossima domanda: "A cosa assomigliano i soldi secondo te?".

DOMANDA CINQUE: Che aspetto hanno i soldi secondo te?

Risposta 1:

_____

_____

_____

_____

_____

Risposta 2:

_____

_____

_____

Risposta 3:

_____

_____

_____

Tutti pronti? Prossima domanda: "Che sapore hanno i soldi per te?". Sentilo in bocca. Che sapore è? La maggior parte di voi ha denaro messo i soldi in bocca solo quando era piccolo. Potete usare quello come punto di riferimento.

DOMANDA SEI: Che sapore hanno i soldi secondo te?

Risposta 1:

_____

_____

_____

_____

Risposta 2:

_____

_____

_____

Risposta 3:

_____

_____

_____

La prossima domanda è: "Quando vedi i soldi venire verso di te, da quale direzione li vedi arrivare?". Da destra, da sinistra, da dietro, da davanti, da sopra, da sotto, da tutto intorno? Da dove li vedi arrivare?

DOMANDA SETTE: Quando vedi i soldi venire verso di te, da quale direzione li vedi arrivare?

Risposta 1:

_____

_____

_____

_____

_____

Risposta 2:

_____

_____

_____

_____

Risposta 3:

_____

_____

_____

_____

Prossima domanda: "Senti di avere più soldi o meno soldi di quanto hai bisogno?".

DOMANDA OTTO: Senti di avere più soldi o meno soldi di quanto hai bisogno?

Risposta 1:

_____

_____

_____

_____

_____

Risposta 2:

_____

_____

_____

Risposta 3:

_____

_____

_____

_____

Prossima domanda: "Se chiudi gli occhi e visualizzi i soldi, di che colore sono e quante dimensioni hanno per te?".

DOMANDA NOVE: Chiudi gli occhi e visualizza i soldi; di che colore sono e quante dimensioni hanno?

Risposta 1:

_____

_____

_____

_____

_____

Risposta 2:

_____

_____

_____

_____

Risposta 3:

_____

_____

_____

_____

DOMANDA DIECI: Per te è più facile avere un flusso di denaro in entata o in uscita?

Risposta 1:

_____

_____

_____

_____

_____

Risposta 2:

_____

_____

_____

_____

Risposta 3:

_____

_____

_____

_____

Prossima domanda: "Quali sono i tuoi tre più gravi problemi con i soldi?".

DOMANDA UNDICI: Quali sono i tuoi tre più gravi problemi con i soldi?

Risposta 1:

_____

_____

_____

_____

_____

Risposta 2:

_____

_____

_____

_____

Risposta 3:

_____

_____

_____

_____

Prossima domanda: "Hai più soldi o più debiti?".

DOMANDA DODICI: Hai più soldi o più debiti?

Risposta:

_____

_____

_____

_____

_____

Ora vi faremo un'altra domanda: "Per avere abbondanza di soldi nella tua vita, quali sarebbero le tre soluzioni per la tua attuale situazione economica?".

DOMANDA TREDICI: Per avere abbondanza di soldi nella tua vita, quali sarebbero le tre soluzioni per la tua attuale situazione economica?

Risposta 1:

_____

_____

_____

_____

_____

Risposta 2:

_____

_____

_____

Risposta 3:

_____

_____

_____

Avete risposto tutti? Qualcuno non ha scritto tutte le risposte? Bene, adesso tornate all'inizio dell'esercizio, leggete le domande e chiedetevi se siete stati totalmente onesti nel rispondere e se le vostre risposte sono proprio quelle che vorreste avere sul vostro quaderno. Se no cambiatele.

Guardate le vostre risposte e decidete se le avete create nell'onestà, se siete stati onesti con voi stessi. Non ci sono risposte giuste, non ci sono risposte sbagliate, ci sono solo punti di vista. Questo è tutto ciò che c'è: punti di vista. Ed essi sono le limitazioni a partire dalle quali avete creato la vostra vita. Se state funzionando in base a quella che è la risposta giusta "cosmica", non siete onesti con voi stessi, perché se lo foste, la vostra vita sarebbe alquanto diversa.

Che cos'è il denaro? Per alcuni denaro significa macchine, per alcuni case, per altri sicurezza, per altri ancora il denaro è uno scambio di energia. Ma è davvero queste cose? No. Il denaro è energia, proprio come lo siete voi. Non c'è differenza tra voi e il denaro, tranne per i punti di vista che voi gli attribuite. E voi gli attribuite quei punti di vista perché li avete comprate da altre persone.

Se voi cambiaste la vostra situazione economica, se cambiaste ciò che è il denaro nella vostra vita, allora dovreste imparare a essere il permettere (allowance) in ogni cosa. Ma, in pratica, quando sentite un punto di vista che vi viene riportato, dovete osservarlo e vedere se è vero per voi. Se è vero per voi, allora vi siete allineati o avete concordato con quel punto di vista e lo avete solidità reso una solidità. Se non è vero per voi, state resistendo o reagendo a quel punto di vista e lo avete reso una solidità.
Anche i vostri stessi punti di vista non hanno bisogno che voi siate in accordo con loro, hanno bisogno di essere soltanto interessanti punti di vista.

Ciò che siete, ciò che avrete, dovrete ESSERLO. Ciò che non avete in voi, non lo potete avere del tutto. Se vedete il denaro come qualcosa al di fuori di voi, non potete averlo. Se vedete il denaro ovunque tranne che nel vostro essere, non lo avrete mai e non ce ne sarà mai abbastanza, dal vostro punto di vista.

€€€€€€€€€€€€€€€€€€€€€€€€

CAPITOLO UNO

Cosa sono i soldi?

Rasputin: Siete tutti pronti? Avete finito? Siete soddisfatti delle vostre risposte? Ok. Adesso cominciamo a parlare di soldi. Ora avete un'idea, da quello che avete scritto, dei vostri punti di vista sul denaro.

Voi vedete la vostra vita come la situazione economica in cui siete: comprate il punto di vista che la vostra vita è quello che avete adesso, in quanto realtà economica. Interessante punto di vista.

Adesso parleremo della differenza tra il permettere (*allowance*) e l'accettazione.

Allowance: siete come la roccia nel fiume e ogni pensiero, idea, credenza o decisione arriva a voi, passa intorno a voi e procede. Questo accade se siete la roccia nel fiume e siete in *allowance*.

Se siete nell'accettazione, tutte le idee, i pensieri, le credenze e le decisioni arrivano a voi e voi diventate parte del fiume e venite trascinati via.

L'accettazione ha queste componenti: allineamento o accordo, che rendono l'accettazione una solidità, resistenza, che rende l'accettazione una solidità e reazione, che rende l'accettazione una solidità.

Come si presenta tutto ciò nella vita reale? Poniamo che un vostro amico vi dica: "Non c'è abbastanza denaro nel mondo". Se vi allineate o concordate con questo, direte: "Sì, hai ragione" e renderete il suo punto di vista una solidità, nella sua vita e nella vostra. Se voi resistete, penserete: "Questa persona desidera dei soldi da me", e renderete il suo punto di vista una solidità, nella sua vita e nella vostra. Se reagite a questo, direte: "Io ho tanti soldi nella mia vita, non so cosa c'è di sbagliato in te" oppure direte: "Non sarà così per me" e avrete comprato il suo punto di vista, lo avrete pagato e lo avrete portato a casa. Lo avete reso una solidità per voi stessi.

Se il vostro amico vi dice: "Non c'è abbastanza denaro nel mondo", quello è solo un interessante punto di vista. Ogni volta che sentite informazioni sul denaro, dovete immediatamente riconoscere che sono soltanto un interessante punto di vista; non deve essere la vostra realtà, non deve essere ciò che accade. Se pensate che è più facile prendere soldi in prestito piuttosto che restituirli, rendete questa idea una solidità e create un debito continuo. È solo un interessante punto di vista, dopotutto.

Che cosa sono i soldi? Per alcuni i soldi sono oro, per altri sono macchine, per altri ancora case; alcuni pensano che i soldi siano uno scambio di energia, altri pensano che siano un mezzo di scambio.

Notate che ognuno di questi punti di vista è una solidità. Il denaro è solo energia. Non c'è niente nel mondo che non sia energia.

Se guardate le vostre vite e pensate di non avere abbastanza soldi, state veramente dicendo agli angeli che siedono accanto a voi, che vi assistono, che voi non avete bisogno di denaro, che non avete bisogno di energia.

In verità non ne avete bisogno, voi siete energia e non avete affatto risorse limitate di energia. Avete energia più che a sufficienza per fare tutto ciò che desiderate nella vostra vita, ma scegliete di non creare voi stessi come denaro, come energia, come potere.

Che cos'è il potere per voi? Per alcuni potere significa sopraffare un altro, oppure controllare un altro, oppure la controllare la propria vita, o dirigere la propria vita, o controllare il proprio destino economico. Interessanti punti di vista, no?

Che cos'è il destino economico? È un programma strano, ecco cos'è, un programma del fato. Ogni volta che dici: "Devo avere un progetto di libertà economica", stai dicendo a te stesso che tu, personalmente, non hai libertà. Così limiti completamente le tue scelte e ciò di cui puoi fare esperienza.

Chiediamo a tutti voi di chiudere gli occhi e iniziare a tirare energia da davanti, tirarla in ogni poro del vostro corpo. Non respiratela dentro, semplicemente tiratela dentro. Bene, adesso tiratela dentro da dietro.

Ora tiratela dentro dai lati e poi da sotto di voi. Notate che c'è tantissima energia a disposizione, quando la tirate dentro di voi. Adesso trasformatela in denaro.

Notate come la maggior parte di voi l'ha resa all'improvviso molto densa. Ciò che stavate tirando dentro di voi non era più energia, ma qualcosa di importante. Avete supportato l'idea che il denaro sia importante, e quindi avete reso quell'idea una solidità. Vi siete allineati con l'idea del resto del mondo, ovvero con il modo in cui esso funziona. Ma il mondo funziona con l'energia. Il mondo non funziona in base al denaro, funziona in base all'energia.

Il mondo paga in monete di energia, e se date e ricevete denaro sotto forma di energia, avrete abbondanza nella vostra vita.

Ma per la maggior parte di voi il flusso di energia in entrata è la categoria, l'idea. Tirate di nuovo energia dentro la totalità dei vostri corpi. Tiratela dentro, tiratela dentro. Potete trattenerla? Sembra svilupparsi e crescere sempre di più? Si ferma con voi? No, voi siete semplicemente energia e la direzione verso cui focalizzate la vostra attenzione è il modo in cui voi create energia. Con il denaro è lo stesso.Tutto nel mondo è energia. Non c'è un posto dal quale non potete ricevere energia. Potete ricevere energia dalla merda di cane sul pavimento, dalla pipì nella neve o potete sentirla dalla macchina o dal tassista. Ecco, la state prendendo tutti? Ricevete energia da ogni parte.

Prendiamo ad esempio il tassista, inviate un enorme flusso di denaro in fuori, davanti a voi, verso il tassista, qualunque tassista andrà bene. Ancora di più, di più, di più, di più, di più, di più, di più. Adesso sentite l'energia che state tirando da dietro di voi. State limitando la quantità di energia che sta arrivando da dietro?

Da dove arrivano i soldi? Se li vedete arrivare da destra o da sinistra, significa che pensate che la vostra vita è basata sul lavoro, perché questo è l'unico modo grazie al quale potete ricevere i soldi. Se li vedete arrivare da davanti, significa che li vedete come se appartenessero al futuro. E se li vedete arrivare da dietro di voi, li vedete arrivare dal passato. E considerate quello come l'unico posto dove avete avuto denaro. La vostra vita è: "Ho avuto denaro, adesso non ne ho più, quindi sono molto patetico". Non è la realtà, è solo un interessante punto di vista.

Quando fate fluire il denaro, lo fate fluire dal vostro chakra del cuore, dal vostro primo chakra o dal chakra della corona? Da dove lo fate fluire? Fatelo fluire da ogni parte e fluirà in voi dalla totalità del vostro essere.

Se vedete i soldi arrivare dall'alto, significa che pensate che il Cielo provvederà a voi con il denaro. Il Cielo provvede a voi con l'energia, l'energia per creare qualsiasi cosa voi decidiate di creare. Che cosa fate per creare denaro? Prima di tutto dovete diventare potere.

Il potere non è sovrastare qualcuno, il potere non è controllare, il potere è energia. Energia illimitata, espansiva, crescente, magnifica, gloriosa, favolosa, esuberante e veloce. È ovunque, non c'è uno sminuimento di se stessi nell'energia, non c'è uno sminuimento di se stessi nel potere e non c'è uno sminuimento di un'altra persona. Quando siete potere, siete nella totalità, siete voi stessi! E quando siete voi stessi, siete energia e, nel momento in cui siete energia, ogni cosa è connessa a voi, il che significa che anche a riserve illimitate di denaro sono connesse a voi.

Adesso diverrete potere. Per farlo dite dieci volte la mattina: "Io sono potere" e alla sera dite dieci volte: "Io sono potere." Cos'altro dovete essere? Creatività. "Io sono creatività." Che cos'è la creatività? La creatività è la visione della vostra vita e del lavoro che desiderate fare, che rappresenti la vostra essenza in quanto anima dell'energia.

Tutto ciò che fate, fatto nella creatività, senza curarvi se state pulendo il pavimento, pulendo il bagno, lavando le finestre, lavando i piatti, cucinando o facendo i conti, fatto in accordo alla creatività connessa al potere, equivale a energia, e si trasformerà in denaro, perché tutte queste attività saranno la stessa cosa.

Il prossimo elemento che dovete avere è la consapevolezza. Che cos'è la consapevolezza? Avere consapevolezza significa riconoscere che ogni cosa che pensate viene creata. Viene manifestata. La vostra vita si manifesta solo con i vostri pensieri. Se avete l'immagine creativa di dove state andando e di cosa farete e unite a ciò la consapevolezza che tutto ciò si è già realizzato, allora si manifesterà. Ma ciò che fate su questo piano di esistenza è aggiungere l'elemento tempo!

Il tempo è il vostro assassino, perché se non manifestate un milione di dollari domani o dopo aver completato questo corso stasera, deciderete che questo è un corso inutile e dimenticherete tutto ciò che avete imparato.

In che modo potete tenere conto del tempo? Essendo controllo. "Io sono controllo."

Che cosa significa essere controllo? "Io sono controllo" significa comprendere che, al tempo giusto, nel modo giusto, senza che voi definiate il percorso, ciò che avete visualizzato come creatività, ciò di cui siete consapevoli come un completamento, ciò al cui potere e alla cui energia vi siete connessi, è già cosa fatta, nel suo tempo, nel suo contesto.

Se voi mettete queste quattro componenti insieme e consentite all'universo di mettere a posto ogni aspetto, di sintonizzare il mondo per diventare il vostro schiavo, manifesterete esattamente ciò che desiderate.

Adesso parliamo un momento del desiderio. Il desiderio è l'emozione a partire dalla quale voi decidete di creare. È una realtà? No, è solo un interessante punto di vista. Se desiderate dei vestiti, per quale motivo lo fate? Perché avete freddo? Perché avete troppo caldo? Perché sono tutti logori?

No, non lo fate per quel motivo, lo fate per molti altri motivi. Perché qualcuno vi ha detto che state bene con quel colore o perché qualcuno vi ha detto che vi ha visto troppo spesso con quella camicia. (Risate) Sì, siamo felici che finalmente il clima si è alleggerito un po' qui.

Quindi il desiderio è il posto nel quale voi fate fluire il bisogno emozionale, insistendo a dire che è realtà.

Voi in quanto esseri, voi in quanto energia, voi in quanto potere, voi in quanto creatività, voi in quanto consapevolezza, voi in quanto controllo non avete nessun desiderio. Nessuno! A voi non importa ciò di cui avete esperienza, scegliete solo di fare esperienza. Ma ciò che non scegliete è la facilità su questo piano di esistenza. Non scegliete la facilità perché ciò significherebbe che dovreste essere potere, il che significa che dovreste manifestare, su questa Terra, la pace, la tranquillità, la gioia, le risate e la gloria. Non solo per voi stessi, ma per chiunque altro.

Voi scegliete a partire dallo sminuimento di voi stessi. Se diventaste il potere che siete, vi sarebbe richiesto solo di vivere nella gioia, nella facilità e nella gloria.

Gloria è l'espressione esuberante della vita e l'abbondanza in tutte le cose.

Cos'è l'abbondanza in tutte le cose? È la comprensione e la realizzazione che voi siete connessi a ogni essere su questo piano di esistenza, a ogni molecola su questo piano di esistenza, e che ciascuna di esse sostiene voi, l'energia e il potere che siete. Se funzionate da qualunque livello inferiore a questo, siete semplicemente dei rammolliti. Partendo dalla debilitazione che la sicurezza economica procura, vi rendete piccoli, incapaci e anche più di questo, non disponibili. Non disponibili a raccogliere la sfida di ciò che siete veramente, perché siete potere, controllo, consapevolezza e creatività.

Questi quattro elementi creano la vostra abbondanza. Quindi diventate questi elementi, usateli ogni giorno per il resto della vostra vita, fino a quando diventerete voi stessi questi elementi.

Allora ne potrete aggiungere un altro alla lista, e potrete dire: "Io sono denaro".

Adesso chiederemo a tutti voi di ripetere delle frasi insieme a noi.

Voi seguiteci, faremo un po' di "io sono."

Cominciamo.

"Io sono potere, io sono consapevolezza, io sono controllo, io sono creatività, io sono denaro. Io sono potere, io sono consapevolezza, io sono controllo, io sono creatività, io sono denaro. Io sono potere, io sono consapevolezza, io sono controllo, io sono creatività, io sono denaro, io sono potere, io sono consapevolezza, io sono controllo, io sono creatività, io sono denaro. Io sono potere, io sono consapevolezza, io sono controllo, io sono creatività, io sono denaro, io sono gioia."

Adesso sentite la vostra energia e sentite l'espansione della vostra energia. Questa è la verità di chi siete veramente e questo è il luogo da cui voi create un flusso di denaro.

La tendenza di ciascuno di voi è di ritrarsi dentro a quel piccolo dominio che voi chiamate il vostro corpo e i vostri pensieri. Smettetela di pensare. Il cervello è uno strumento inutile per voi, gettate via questo cervello e cominciate a funzionare come la verità di ciò che siete, il vostro potere, la vostra espansione. Siatelo nella totalità.

Ora portate voi stessi dentro il vostro mondo economico. Vi sentite bene?

Studenti: No.

Rasputin: Giusto. Quindi come mai scegliete di vivere lì? A partire da quali convinzioni limitanti funzionate? Scrivetele.

Qual è la credenza limitante in base a cui funzionate che ha creato il vostro mondo economico?

Risposta:_____
_____
_____
_____

Adesso rimanete in espansione in quanto potere e guardate il mondo economico che avete creato dentro di voi non come una realtà, ma come uno spazio a partire dal quale voi funzionate. Quale credenza limitante dovete avere in atto per funzionare in quel modo?

Non tornate di nuovo nei vostri corpi, sentiamo che lo state facendo. Toccate lo spazio, non siate dentro lo spazio.

Grazie, ora ci siete. Espandetevi all'esterno. Non infilatevi di nuovo dentro quello spazio. Lo state rifacendo, spostatevi fuori.

"Sono potere, sono consapevolezza, sono controllo, sono creatività, sono denaro. Sono potere, sono controllo, sono creatività, sono denaro. Sono potere, sono controllo, sono creatività, sono denaro. Sono potere, sono controllo, sono creatività, sono denaro, sono consapevolezza, sono consapevolezza, sono consapevolezza."

Adesso siete fuori dai vostri corpi. Voi, invece, scegliete sempre di ridurvi nella dimensione dei vostri corpi, poi scegliete una limitazione in base alla quale poter ricevere, perché pensate che sia solo il vostro corpo a ricevere l'energia del denaro. E non è vero. Questa è la bugia in base alla quale funzionate!

Adesso siete più espansi?

Ora che avete visto questo, avete una risposta? Chi non ha una risposta?

S: Io non ce l'ho.

R: Non hai una risposta? Vediamo un po'.

Come consideri la tua situazione economica? Sentila nel corpo; dov'è posizionata?

S: Negli occhi.

R: Negli occhi? La tua situazione economica è qui, quindi tu non puoi vedere ciò che stai creando, giusto?

S: Sì.

R: C'è consapevolezza nei tuoi occhi? Ah, interessante, adesso cominci a muoverti, ti sei accorto? Cominci a spostarti. La credenza limitante in base alla quale funzioni è: "Non ho la lungimiranza per sapere che cosa accadrà e come controllarlo". Vero?

S: Sì.

R: Bene. Come ti tiri fuori da quella credenza? Ora, ognuno ha la sua credenza in base alla quale funziona? Chi altri ha bisogno di essere aiutato?

S: Io.

R: Qual è la tua situazione economica? E dove la senti nel corpo?

S: Nel plesso solare e nella gola.

R: Ok. Cosa sono la gola e il plesso solare? Vacci dentro, senti la sensazione nella sua totalità.

Bene, ti accorgi che diventa sempre più pesante. C'è sempre più presenza della tua realtà economica lì, ed è esattamente così che ti senti ogni volta che entri in contatto con le tue "briciole economiche", giusto? Adesso inverti il senso di quella sensazione corporea, falla andare nell'altra direzione. Sta cambiando adesso, vero?

S: Sì.

R: La tua considerazione economica è che non hai il potere o la voce per dire la tua verità, per far sì che le cose accadano.

S: Sì.

R: Esattamente così. Capite qual è il metodo? In questo modo invertite gli effetti che avete creato nei vostri corpi, e nei vostri mondi.

Notate dove sentite nel corpo le vostre ristrettezze economiche, invertite la direzione di quelle sensazioni corporee e consentite loro di uscire da voi e di essere fuori di voi e non dentro di voi. Di non essere parte di voi, ma di essere un interessante punto di vista. Perché, se il punto di vista è fuori di voi, potete vederlo.

Funzionando come state facendo, limitati dai vostri corpi, create anche una limitazione della vostra anima.

Chi altro si sente strano?

S: Io.

R: Hai un po' di vertigini? Come mai hai un po' di vertigini? È lì che senti le tue convinzioni sul denaro, giusto? In qualche modo ti fa girare la testa il fatto che non sai come avere a che fare esattamente con esse?

Porta questo senso di vertigine fuori dalla tua testa. Ah, sentilo. Adesso ti stai espandendo. Non la senti più come una cosa fuori controllo nella tua testa. Non esiste il fuori controllo, è una totale cazzata! L'unica cosa che ti controlla sono le luci rosse secondo le quali agisci e le luci verdi che ti dicono di andare quando guidi la macchina. Perché dovresti seguire queste luci verdi e queste luci rosse quando sei nel tuo corpo? È un allenamento Pavloviano?

Ora ti chiediamo di tornare alla tua domanda originale. La prima domanda era?

S: "Cos'è il denaro?"

R: Cos'è il denaro per te? Cos'hai risposto?.

S: La mia prima risposta era "potere". La mia seconda risposta era "mobilità", la terza era "crescita".

R: Bene. Quali di queste sono vere?

S: Il potere.

R: Davvero?

S: Sì, è assolutamente vero.

R: È proprio vero? Pensi che il denaro sia potere? Tu hai soldi?

S: No.

R: Quindi non hai potere?

S: Giusto.

R: È così che ti senti? Senza potere? Dove senti quell'impotenza?

S: Quando lo dici così, la sento proprio nella zona del plesso solare.

R: Quindi che cosa fai? Portala fuori.

S: Però quando ho sentito il denaro, l'ho sentito nel cuore, e quando devo fare qualcosa, il punto in cui lo sento…

R: Sì, perché stiamo parlando di potere. Il tema del potere lo senti nella zona del plesso solare. Hai venduto il tuo potere e lo hai dato via, devi invertire questo flusso. Il potere è vostro, voi siete potere. Non create il potere, voi siete il potere. Lo senti? Mentre lo porti fuori di te, ricominci a espanderti. Non entrare nella mente, non pensarci, sentilo! Sì, così, spingi quel potere fuori.

Ora, cosa significa questo? Per tutti voi, la verità è che, quando considerate il denaro come potere e sentite che lo portate dentro di voi, state cercando di creare il potere, e in questo modo avete già presupposto che non ne avete. Questo è il presupposto di base. Qualunque cosa richiami la vostra attenzione è una verità con una bugia attaccata.

S: Potete ripeterlo, per favore?

R: Qualsiasi cosa che richiama la vostra attenzione… Ah, quello a proposito del potere?

S: Sì.

R: Quando sentite il potere venire verso di voi, avete già dato per scontato che non ne avete. L'avete dato per scontato. E questo vi sminuisce. Non create a partire da ciò che date per scontato, dal presupposto che il denaro è potere. Sentitelo: il denaro è potere. È qualcosa di concreto o è soltanto un interessante punto di vista? Se il denaro è potere, lo rendete una solidità.

Sentite l'energia di questa idea. Ha solidità, no?

Potete funzionare come energia partendo dalla solidità? No, perché quella è la condizione a partire dalla quale create la scatola nella quale vivete e dove siete totalmente intrappolati adesso! Ovvero nell'idea che il denaro è potere. La tua seconda risposta?

S: La mia seconda risposta era "mobilità".

R: Mobilità?

S: Sì.

R: Il denaro ti consente di muoverti?

S: Sì.

R: Veramente? Non hai soldi, ma sei riuscito a venire dalla Pennsylvania a New York.

S: Be', se la metti in questo modo…

R: L'hai fatto?

S: Sì.

R: E qui quanta energia hai ricevuto che ti ha cambiato?

S: Molta di più di quella che ci è voluta per venire qui. È questo che intendi dire?

R: È un interessante punto di vista, no? Allora, in che direzione stai fluendo energia, più verso l'esterno o più verso l'interno?

S: Da quel punto di vista, verso l'interno.

R: Giusto. Ma, vedi, tu ti sminuisci perché ricevi energia, ma non vedi che anche il denaro è energia, non vedi che potrebbe arrivare a te. Tu consenti all'energia di fluire con tanta gioia, no?

S: Sì.

R: Con grande godimento?

S: Sì.

R: Gloria, praticamente. Adesso senti la gloria dell'energia di cui hai avuto esperienza negli ultimi due giorni. La senti?

S: Sì.

R: Trasformala tutta in denaro. Uh, che turbinio sarebbe, no?

Allora come mai non consenti a questo di esistere nella tua vita per tutto il resto del tempo? Perché non sei disponibile a ricevere. Perché il presupposto è che tu hai bisogno. Che sensazione ti dà il bisogno?

S: Non mi dà una buona sensazione.

R: Sembra una massa solida, no? Quello è il coperchio della tua scatola. *Bisogno* è una delle parole più turpi del tuo linguaggio. Buttala via! Fallo, proprio adesso. Scrivila su un pezzo di carta, su un foglio a parte. Scrivi "bisogno"! Strappa la pagina dal tuo quaderno e falla a pezzetti! Adesso devi mettere i pezzi nella tua tasca, altrimenti D (un altro studente) avrà un problema. (Risate) Bene! Come ti senti?

S: Bene.

R: Ci si sente benissimo, eh? Quindi ogni volta che userai la parola bisogno, la scriverai e strapperai il foglio, finché non sarà stata cancellata dal tuo vocabolario.

S: Posso farvi una domanda?

R: Sì, ci sono domande?

S: Sì, solo su… Prima pensavo che tu stessi spiegando che le parole potere, energia e consapevolezza fossero interscambiabili.

R: Non proprio. Se le rendi importanti, le hai rese una solidità. Le devi mantenere come flussi di energia. Il potere è energia, la consapevolezza è energia, così come il sapere con assoluta certezza, senza dubbio, senza riserve. Se pensi: "Avrò un milione di dollari la prossima settimana" e dentro di te senti una piccola voce che dice: "Vuoi scommettere?" o quella che dice: "Come farai?" oppure: "Oh, mio Dio, non posso credere di essermi preso questo impegno!", ti sei già contraddetto tanto che ciò non potrà accadere nella sequenza di tempo che avevi creato per questo, che è il tema del controllo.

Se dici: "Vorrei avere un milione di dollari in banca" e sai che lo farai e non introduci l'elemento tempo, perché hai il controllo per monitorare il tuo processo di pensieri e ogni volta che hai un pensiero che è in contraddizione a questo, pensi: "Oh, interessante punto di vista" e lo cancelli, ciò può accadere molto più velocemente. Ogni volta che hai un pensiero che non cancelli, allunghi il periodo di tempo, fino a quando ciò che volevi manifestare non potrà più esistere.

Un po' alla volta ti allontani da quel momento.
Immagina di giocare a golf e pensa che il tuo obiettivo sia andare in buca. Diciamo che hai il tee e la pallina è qui, e metti la tua idea di un milione di dollari sulla cima della pallina. Ogni volta che dici qualcosa, che pensi qualcosa di negativo a proposito di ciò che hai deciso di creare, dai un colpetto alla pallina, ti allontani un po' dal tuo obiettivo, dalla buca, fino alla sua sparizione. Allora non esiste più. E tu lo costruisci di nuovo, in continuazione.
L'equilibrio sta nell'idea... Dovete capire, mantenere nella vostra consapevolezza, come una realtà, che l'idea che avete creato esiste già. E a un certo punto, nella vostra sequenza di tempo, incontrerete quello che avete creato. Solo allora lo otterrete, lo avrete, sarà vostro.
Torniamo alla tua risposta numero due. Cosa intendi per mobilità? Muovere il tuo corpo in giro?
S: Io intendevo quello.
R: Lo intendevi come muovere il corpo in giro o lo intendevi come libertà?
S: Be', entrambe le cose.
R: Entrambe?
S: Sì.
R: Bene, il presupposto è di nuovo che non ce l'hai. Notate che sono i vostri presupposti a essere i punti di vista negativi che non vi consentono di ricevere ciò che desiderate. Se voi dite: "Io ho bisogno" o "desidero la libertà", automaticamente create l'idea che non avete libertà. Quello non è né potere né consapevolezza né controllo né creatività. Be', è un certo tipo di creatività. Avete creato quella convinzione e l'avete resa una realtà, a

partire dalla quale state funzionando.

La consapevolezza, e non l'assunzione di presupposti, è il processo attraverso il quale voi creerete la vostra vita. Non potete funzionar tosto dal presupposto. Una piccola rima qui! È tempo di scrivere una poesia tutta nostra.

Adesso vediamo la tua terza risposta.

S: La terza è "crescita".

R: Non sei cresciuto negli ultimi vent'anni?

S: Be', avevo questa idea che avevo bisogno di viaggiare per…

R: Cos'hai detto?

S: Mi piacerebbe poter viaggiare…

R: Che cosa hai detto?

S: Ho detto che mi piacerebbe… Ah, ho detto: "Bisogno".

R: Sì. Scrivilo e strappa il foglio. È meglio se fai dei pezzettini più piccoli.

S: Sì, credo di sì. Mi piacerebbe viaggiare e andare dove ci sono seminari interessanti nei quali posso imparare qualcosa.

R: Interessante punto di vista. Qual è il punto di vista inconscio, il presupposto in base al quale stai funzionando? "Non posso permettermelo. Non ho abbastanza soldi." Senti la tua energia. Cosa senti?

S: Sento molta espansione, adesso.

R: Bene. Ma quando lo dici, che sensazione hai?

S: Quando dico quelle frasi?

R: Sì, quando dai per scontato che non hai abbastanza soldi.

S: Oh, è come se mi riducessi, sento….

R: Bene. Devi ancora agire a partire da quel luogo?

S: Speriamo di no.

R: Speriamo di no? Interessante punto di vista.

S: Sicuramente.

R: Consapevolezza, consapevolezza! Ogni volta che ti senti in quel modo, svegliati! Ogni volta che ti senti in quel modo, non sei più fedele a te stesso. Non sei il tuo potere, consapevolezza, controllo, creatività o denaro. Qualcun altro ha qualsiasi punto di vista su che cos'è il denaro per lui, e vorrebbe avere qualche chiarimento a proposito dei punti di vista dati per scontati?

S: Sì, io. La mia prima risposta era "carburante cosmico".

R: Carburante cosmico? Questo è ciò che veramente credi? Qual è il presupposto che c'è dietro? Che non hai carburante cosmico? Il presupposto è che non sei connesso al cosmo e che non hai consapevolezza. Qualcuna di queste cose è vera?

S: No.

R: No, non sono vere. Quindi, non funzionare partendo dai presupposti, funziona partendo dalla realtà. Hai carburante cosmico, ne hai tantissimo, in abbondanza.

Avete altri punti di vista sui quale vorreste chiarimenti?

S: Sì, io ho scritto "cuscinetto di salvataggio".

R: Ah, punto di vista molto interessante. Immaginiamo che ci siano altre sei o sette persone che potrebbero avere un punto di vista simile.

Qual è il presupposto in base al quale stai funzionando? In effetti ci sono almeno tre persone con quel particolare punto di vista. Guardale. Che cosa Che cosa stai dando per scontato? Innanzitutto stai dando per scontato che sopravvivrai o che dovrai sopravvivere. Quanti miliardi di anni hai?

S: Sei.

R: Almeno. Quindi sei già sopravvissuto per sei miliardi di anni. In quante di quelle vite sei riuscito a portare il tuo cuscinetto di salvataggio con te?

S: In tutte.

R: Hai portato quel cuscinetto di soldi, quel cuscinetto di salvataggio, con te in tutte quelle vite?

S: Sì.

R: Quando parli di sopravvivenza, stai parlando del tuo corpo, stai dando per scontato che tu sei il tuo corpo e che solo con il denaro sopravvivrà. Smetti di respirare aria e respira energia dentro il plesso solare. Non devi inspirare un sacco di aria per farlo. Nota che puoi fare tre o quattro respiri di energia prima di avere la sensazione di dover respirare, e che il tuo corpo si sente energizzato. Sì, così.

Adesso puoi respirare e respiri energia mentre respiri l'aria. Allo stesso modo, puoi diventare energia e denaro. Respiri energia con ogni respiro che fai, respiri denaro con ogni respiro che fai. Non c'è nessuna differenza tra te e il denaro. Hai capito adesso? Questa spiegazione è efficace?

S: Ho capito.

R: Hai capito adesso in che modo stai funzionando e che cosa stai dando per scontato?

S: Sì.

R: Ok, hai ancora bisogno di funzionare così?

S: No.

R: Bene. Quindi, che cosa puoi fare? Puoi cambiare questa modalità, puoi cambiare tutte queste cose. Elimina ciò che dai per scontato e crea un nuovo punto di vista in quanto potere, in quanto energia, in quanto controllo, in quanto creatività, in quanto denaro. Quali nuovi punti di vista avrai?

S: Che io sono potere, che io sono energia…

R: Esatto. E lo sei, giusto? Lo sei sempre stato? Punto di vista interessante. Ok, chi vuole offrirsi volontario per la prossima domanda?

S: Hai detto che c'erano tre presupposti collegati al suo cuscinetto di salvataggio.

R: Sì.

S: Ne abbiamo visto solo uno, no?

R: Due.

S: Due? "Devo sopravvivere"…

R: "Io sopravvivrò, io devo sopravvivere, io non posso sopravvivere."

S: Ok.

R: Qual è il terzo? Pensaci. "Non sono disponibile a sopravvivere": il punto di vista non espresso.

CAPITOLO DUE

Che cosa significa il denaro per te?

Rasputin: Leggete la seconda domanda, per favore, e le vostre risposte.

Studente: "Cosa significa il denaro per te?"

R: Qual è la tua prima risposta?

S: Sicurezza.

R: Sicurezza. In che modo il denaro significa sicurezza?

S: Se hai dei soldi, stai mettendo al sicuro il tuo presente e il tuo futuro.

R: Interessante punto di vista. È vero, è reale? Se hai il tuo denaro in banca e questa fallisce, sei al sicuro? Se il tuo denaro è investito in una casa e questa va a fuoco il giorno in cui ti sei dimenticato di pagare l'assicurazione, hai sicurezza?

S: No.

R: Hai solo una sicurezza e non sono i soldi a realizzarla. La sicurezza è nella verità di te stesso in quanto essere, in quanto anima, in quanto luce. E da lì crei. Sei potere, in quanto energia. In quanto potere, in quanto energia, hai l'unica vera sicurezza che ci può essere. Se vivessi in California sapresti che non c'è nessuna sicurezza, perché sotto i tuoi piedi tutto si muove. Ma tu vivi sulla Costa Est e pensi che il terreno sia sicuro. Invece non lo è. Ciò che chiami mondo non è un posto solido, è energia.

Queste mura sono solide? Anche i vostri scienziati dicono di no. Le molecole si muovono, solo più lentamente; per questo motivo sembrano solide. Tu sei solido? Sicuro? No, tu sei lo spazio tra un mucchio di molecole che hai creato e disposto in modo da apparire solido. Quella è una sicurezza? Se potessi essere al sicuro grazie ai soldi, potresti portarli con te quando muori? Potresti riuscire a ottenere un nuovo corpo e tornare sulla Terra e avere i soldi per la prossima vita? Quindi, con i soldi compri davvero la sicurezza? Il denaro significa veramente sicurezza o è soltanto un punto di vista che hai raccolto, che hai comprato da qualcun altro, su come creare la tua vita?

S: Quindi mi stai dicendo che, se io penso al denaro, posso crearlo?

R: Sì. Non se lo pensi, ma se lo sei!

S: E come divento denaro?

R: Prima di tutto, devi avere la visione della tua vita, e questo lo fai attraverso "io sono creatività". Tu sei creatività quando hai una visione. Tu sei "io sono potere" quando sei energia. Tu sei "io sono consapevolezza" quando sai esattamente che il mondo sarà come lo vedi. E tu sei "io sono controllo", non nel senso che hai un metodo certo per arrivare alla tua visione, ma nel senso che sei nella consapevolezza che l'universo muoverà i fili per farti raggiungere la tua visione se tu mantieni il tuo potere e mantieni la tua consapevolezza in allineamento con ciò che fai. Allora, se avrai i quattro elementi al loro posto, potrai diventare "io sono denaro".

E puoi usare queste frasi, puoi dire: "Io sono potere, io sono consapevolezza, io sono controllo, io sono creatività, io sono denaro". Usale ogni mattina e ogni sera fino a quando diventerai denaro, fino a quando diventerai creatività, fino a quando diventerai consapevolezza, fino a quando diventerai controllo, fino a quando diventerai potere. È in questo modo che diventi denaro. Diventi l'"io sono" dell'essere denaro. Perché è così che accade, nello stesso modo in cui stai creando te stesso adesso. Se crei te stesso dal punto di vista di "sto ottenendo sicurezza attraverso l'ottenere denaro", cos'è questo? È una sequenza temporale, è qualcosa che riguarda il futuro, giusto?

S: Giusto.

R: Quindi non puoi mai ottenerlo.

S: Devo essere sempre nel presente…

R: Sì! "Io sono" ti mette sempre nel presente. Quindi, quale altro punto di vista hai sul denaro? Che cosa significa per te?

S: Be', "sicurezza" era la mia risposta principale, perché le altre due sarebbero "casa" e "futuro". Ma, se avessi avuto la sicurezza, la mia casa sarebbe stata sicura e il mio futuro sarebbe stato sicuro. Quindi in realtà…

R: Veramente? È proprio vero?

S: No, non è vero. Adesso capisco dove mi hai condotto attraverso il mio primo bisogno di sicurezza.

R: Bene.

S: Capisco tutti gli "io sono".

R: Qualcun altro ha un punto di vista sul quale vorrebbe un po' di chiarezza?

S: Felicità.

R: Felicità. Il denaro ti compra la felicità, eh?

S: Penso di sì.

R: Veramente? Hai dei soldi in tasca?

S: Non molti.

R: Sei felice?

S: Sì.

R: Quindi il denaro non ti ha comprato quella felicità, giusto?

S: No.

R: Giusto. Quindi sei tu, e non il denaro, a creare la felicità e la gioia nella tua vita. Il denaro non compra la felicità, ma se hai l'idea che i soldi comprano la felicità e non hai soldi, come puoi avere la felicità? E il giudizio che viene dopo è: "Non ho abbastanza soldi per essere felice". E anche quando ottieni il denaro, ancora non hai abbastanza denaro per essere felice. Hai capito? Come ti senti a proposito di questo?

S: Be', sono sempre felice anche se non ho denaro, ma il fatto che so che devo pagare qualcuno giovedì e che non ho denaro fa peggiorare il mio umore.

R: Ah, eccoci, ci stiamo arrivando: il tempo. Come crei il denaro?

S: Ho un lavoro, quindi lavorando.

R: Quello è un interessante punto di vista. Intendi che vuoi ricevere solo lavorando?

S: Questo è ciò di cui ho avuto esperienza.

R: Quindi quale punto di vista viene prima, l'idea che dovevi lavorare per avere del denaro o l'esperienza?

S: L'idea.

R: Giusto. Hai creato tu quello che hai vissuto, no?

S: Sì.

R: Quindi sei responsabile di questo: hai creato il tuo mondo aderendo esattamente al tuo modello di pensiero. Gettate via le vostre menti, vi intralciano la strada! Se pensi, non diventi ricco, diventi limitato. Hai fatto sì che quel processo di pensieri intralciasse la tua strada e, partendo da quello, ti sei percepito come inferiore a ciò che sei, ti sei posto dei limiti su ciò che avresti ottenuto e su ciò che otterrai. Sei sempre stato capace di creare felicità, no?

S: Sì.

R: Sono solo i conti che si mettono di mezzo, no?

S: Sì.

R: Perché ciò che tu fai è pensare di avere una visione del denaro, di come sarebbe la tua vita, giusto?

S: Sì.

R: Allora visualizza questa situazione. Che sensazione ti dà? Leggera o pesante?

S: Leggera.

R: E quando sei in questa leggerezza, lo sai che pagherai ogni cosa che possiedi?

S: Puoi ripetere?

R: In quella leggerezza, tu sai, in quanto consapevolezza, che pagherai sempre ogni cosa che possiedi?

S: Sì.

R: Lo sai? Ne hai tutta la consapevolezza e certezza?

S: Che devo pagare ogni cosa che possiedo.

R: No, non che devi, ma che lo farai.

S: Sì, credo che lo farò.

R: Oh, interessante punto di vista: "Penso che lo farò". Pensi che pagherai! Provi il desiderio di pagare, oppure fai resistenza?

S: Faccio resistenza.

R: Sì, resisti. Fai resistenza al pagamento? A che scopo?

S: Non saprei dire.

R: Quale sarebbe il punto di vista che sosterrebbe l'idea di non desiderare di pagare? Se avessi abbastanza denaro, pagheresti i conti?

S: Sì.

R: Quindi qual è il punto di vista sottostante che non viene espresso?

S: Che sono preoccupato per i soldi, che non voglio pagare.

R: Che non ne avrai abbastanza, giusto?

S: Sì.

R: Sì, questo è il punto di vista inespresso. È quello che non puoi guardare che crea problemi. Perché tu hai creato a partire da lì, a partire dall'idea che non c'è abbastanza, in senso assoluto. Quindi l'hai creato come realtà che non c'è abbastanza?

S: Sì.

R: È questa la condizione mentale a partire dalla quale ti piace funzionare?

S: Non capisco cosa stai dicendo.

R: Ti piace funzionare in base al "non abbastanza"?

S: Sì.

R: Quindi qual è il valore di scegliere il "non abbastanza"?

S: Nessuno.

R: Ce ne dev'essere uno, altrimenti non faresti questa scelta.

S: Non abbiamo tutti quella paura?

R: Sì, avete tutti la paura che non ci sarà abbastanza, funzionate tutti in base alla certezza che non ci sarà abbastanza, che è il motivo per il quale cercate sicurezza e per il quale cercate felicità, per il quale cercate case e per il quale cercate futuro, quando in realtà avete già creato ogni futuro. Ogni passato, ogni presente e ogni futuro è creato da voi. Avete fatto un lavoro impeccabile nel crearlo esattamente come lo pensate. Se pensate che non c'è abbastanza, che cosa state creando?

S: Il "non abbastanza".

R: Esattamente, quindi non ci sarà mai abbastanza. Adesso, congratulatevi con voi stessi per un lavoro fatto così bene. Avete fatto un lavoro impeccabilmente meraviglioso nel creare il "non abbastanza". Congratulazioni, siete molto bravi, siete dei creatori grandi e gloriosi.

S: Ma non abbiamo creato niente.

R: Oh, hai creato qualcosa. Hai creato debiti, no?

S: Questo è giusto.

R: Sei stato molto bravo a creare debiti, sei stato molto bravo a creare il "non abbastanza", sei stato molto bravo a creare l'"appena sufficiente" per nutrirti e vestirti, no? Quindi hai fatto un ottimo lavoro in tutto ciò che hai creato. Qual è il punto di vista a partire dal quale non stai creando? Nessuna limitazione, nessuna limitazione.

S: Non serve fare un sacco di pratica per questo?

R: No, non serve nessuna pratica.

S: Davvero? Basta che lo facciamo costantemente?

R: Sì, tutto ciò che devi fare è essere "io sono creatività", avere la visione della tua vita. A cosa ti piacerebbe che assomigliasse la tua vita? Come sarebbe se tu potessi crearla in qualunque modo tu la scegliessi? Saresti milionario o saresti povero?

S: Milionario.

R: Come fai a sapere che sarebbe meglio essere milionario piuttosto che povero? Se tu fossi milionario, qualcuno potrebbe arrivare e rubarti tutto il denaro. Se tu fossi povero, nessuno verrebbe a rubarti i soldi. Quindi, vorresti essere milionario? A quale scopo?

Perché vorresti essere un milionario? Quale valore c'è nell'essere milionario? Sembra una buona idea, ma sembra solo una buona idea, giusto?

S: Sì, è una buona idea.

R: È una buona idea, ok. Adesso divertiamoci un po'. Chiudi gli occhi, visualizza un biglietto da cento dollari tra le tue mani. Adesso strappalo in piccoli pezzi e buttalo via. Oh, fa male!

R: Visualizza mille dollari, adesso strappali e buttali via. Questo fa ancora più male, giusto?

S: Sì.

R: Adesso, prendi diecimila dollari e bruciali, buttali nel camino. Interessante: non era così difficile buttare diecimila dollari nel camino, giusto? Ok, adesso butta centomila dollari nel camino. Adesso butta un milione di dollari nel camino. Adesso butta dieci milioni di dollari nel camino. Adesso sii dieci milioni di dollari. Qual è la differenza tra dieci milioni di dollari nel camino e essere dieci milioni di dollari?

S: La sensazione è molto migliore.

R: Bene, allora com'è che butti sempre il tuo denaro nel camino?

R: Butti sempre via il tuo denaro e lo spendi sempre come se fosse un modo per cercare di essere felice, come un modo per provare a sopravvivere. Non consenti a te stesso di creare così tanto da sentire di essere denaro, da sentire di essere disponibile ad avere denaro. Disponibile a essere denaro, disponibile a essere un milione di dollari o dieci milioni di dollari. Esserlo è solo energia, non ha un reale significato fino a quando non gliglio dai tu. Se gli dai un significato, lo rendi pesante. Se è importante, diventa una solidità e così ti trovi in trappola. La scatola del tuo mondo è costituita dai parametri dai quali tu crei le tue limitazioni. Solo perché hai una scatola più grande non significa che non è una scatola. È sempre una scatola. Hai capito?

S: Sì.

R: Ti piace questa cosa?

S: Sì.

R: Bene.

S: È ancora difficile.

R: Questo è un interessante punto di vista: è difficile essere denaro, eh?

S: Sì.

R: Adesso osserva questo punto di vista. Cosa stai creando con questo punto di vista?

S: Lo so, sto limitando un po' tutto.

R: Sì, la stai rendendo difficile, solido e reale. Ragazzo, in questo senso hai fatto un buon lavoro. Congratulazioni, sei un creatore grande e glorioso.

S: Sì, sono quelle due magiche parole.

R: "Io sono denaro, io sono potere, io sono creatività, io sono controllo, io sono consapevolezza." Ok, qualcun altro ha qualche punto di vista che vorrebbe fosse spiegato meglio?

S: Puoi fare soldi senza lavorare?

R: Puoi fare denaro senza lavorare? Ci sono due interessanti elementi limitanti. Prima di tutto, come fai i soldi? Hai una macchina per stampare banconote in giardino?

S: No.

R: E senza lavorare... Che cos'è il lavoro per te?

S: Un assegno.

R: Il lavoro è un assegno?

S: Sì.

R: Quindi, tu stai a casa e ricevi un assegno?

S: No, vado a lavorare.

R: No. Il lavoro, per te, è qualcosa che devi fare. Senti la parola "lavoro". Che sensazione ti dà? La senti leggera e ariosa?

S: No.

R: Ti dà una sensazione di merda, eh? Lavorare per te è guardare nella tua sfera di cristallo?

S: No.

R: Be', non c'è da meravigliarsi se non fai soldi. Non consideri quello che fai come un lavoro, giusto?

S: Veramente ancora non so cosa sto facendo.

R: Interessante punto di vista. Come puoi essere "io sono consapevolezza" se non sai cosa stai facendo? Qual è il presupposto di base? Qual è il punto di vista in base al quale stai funzionando? È "ho paura"?

S: No, è "non capisco".

R: Non capisci cosa? Se dubiti della tua abilità, non puoi darle un prezzo. Giusto?

S: Non è che ne dubito, è che non la capisco. Non so che cosa sto vedendo.

R: Bene, quindi lascia libera la tua mente, connettiti con le tue guide e lascia che la sfera di cristallo ti guidi.

Stai cercando di capirci qualcosa dal punto di vista del tuo modo di pensare. Non sei una macchina pensante, sei una sensitiva. Una sensitiva non fa altro che essere presente, in modo da lasciar arrivare le immagini. Libera la propria mente e la propria bocca e lascia che le immagini fluiscano. Tu sai farlo?

S: Sì, è quello che faccio.

R: E lo fai molto bene, quando lasci che accada. Quando invece fai intervenire la tua mente all'interno dell'equazione, crei un impedimento. La sfortuna per te è che non credi in ciò che sai. Non riconosci che tu, in quanto essere illimitato, hai accesso a tutto il sapere dell'universo. E che tu non sei altro che una traccia per il risveglio della consapevolezza cosmica. La verità è che tu vivi nella paura. La paura del successo, la paura del tuo potere e la paura della tua abilità. Ognuno di voi sotto le proprie paure ha della rabbia. Forte rabbia e collera. E da chi siete oltraggiati? Da voi stessi. Siete arrabbiati con voi stessi perché scegliete di essere gli esseri limitati che siete per non entrare nelle armate di Dio che siete veramente, e continuate a funzionare dalla taglia limitata del vostro corpo pensando che sia il guscio dell'esistenza. Espandetevi all'esterno e spostatevi da tutto ciò attraverso l'assenza di paura e di rabbia, stando invece nella grande e gloriosa meraviglia della vostra abilità di creare. La creatività è visione. Tu hai delle visioni?

S: Sì.

R: Il sapere, inteso come consapevolezza, è la certezza di essere connesso al tuo potere. Ce l'hai questo?

S: Sì.

R: E il controllo? Sei disponibile a rimetterlo nelle mani della forza cosmica?

S: Se sapessi come farlo...!

R: Non devi imparare come farlo, devi essere "io sono controllo". Non puoi avere ciò che tu vedi fuori di te. "Imparando come" è il modo in cui crei debilitazione, e, nel calcolo per il raggiungimento dell'obiettivo, inserisci il valore tempo, come se esistesse veramente.

In questo preciso momento tu sai già tutto ciò che ci sarà in futuro e sai tutto ciò che è avvenuto in passato. Non esiste il tempo, tranne quello che crei. Se tu ti spostassi, ti dovresti spostare dal punto di vista "io sono controllo", nell'arrenderti al bisogno di capire come arrivare dal punto A al punto B, che è "se imparo". Quello è andare dal punto A al punto B. Cerchi di controllare il processo, e il tuo destino, da un punto di vista riduttivo. Non ottieni niente partendo da lì. Lo capisci?

S: Sì.

R: Sei disponibile a guardare la tua rabbia?

S: Sì.

R: Quindi guardala. Che sensazione ti dà?

S: Sbagliata.

R: E dove la senti? In quale parte del tuo corpo?

S: Nel petto.

R: Ok, adesso prendila e spingila un metro davanti a te, partendo dal petto. Spingila in fuori. Bene. Come la senti adesso?

S: Non la sento così pesante.

R: Ma è a un metro da te, sì? Adesso, quella è la tua rabbia. È reale?

S: Sì.

R: Lo è? Interessante punto di vista. È soltanto un interessante punto di vista, non è una realtà. L'hai creata, sei il creatore di tutte le tue emozioni, sei il creatore di tutta la tua vita, sei il creatore di qualunque cosa ti accada. Tu la crei e, se devi inserire il fattore tempo, allora fallo con progressioni di dieci secondi. Ok, ti daremo la possibilità di una scelta. Hai dieci secondi per vivere il resto della tua vita, verrai mangiato da una tigre. Che cosa scegli?

S: (Non risponde)

R: Il tuo tempo è finito, la tua vita è finita. Hai dieci secondi per vivere il resto della tua vita, cosa scegli? Di essere una veggente o no? Non hai scelto, la tua vita è finita. Hai dieci secondi per vivere il resto della tua vita, che cosa scegli?

S: Di essere.

R: Sì, di essere. Scegli qualcosa. Mentre tu scegli, crei la tua vita, quindi scegli di essere la sensitiva che sei, scegli di essere colei che legge la sfera di cristallo, per incrementi di dieci secondi. Se tu adesso guardassi nella tua sfera di cristallo e ottenessi un'immagine di questi dieci secondi, potresti dire che cos'è?

S: Sì.

R: Ok, puoi farlo. Adesso la tua vita è finita. Hai dieci secondi di vita, cosa scegli? Scegli l'immagine nella sfera di cristallo o non scegli niente?

S: L'immagine nella sfera di cristallo.

R: Bene, allora sceglila, sceglila ogni singola volta. Ogni dieci secondi tu scegli daccapo e continua così. Crea la tua vita ogni dieci secondi. Se la crei in qualsiasi altro modo piuttosto che con incrementi di dieci secondi, la stai creando partendo dalle aspettative del futuro, che non arriva mai, o da una prospettiva ridotta del passato, che è basata sulle tue esperienze, con l'idea di creare qualcosa di nuovo mantenendo gli stessi punti di vista. E ti meravigli che la vita continui a mostrarsi nel stesso modo? Non stai scegliendo niente di nuovo, vero? Momento per momento, tu scegli "io non ho abbastanza, io non voglio lavorare".

Adesso ti raccomanderemo alcune parole da eliminare dal tuo vocabolario. Ci sono cinque parole che dovresti eliminare dal tuo vocabolario. La prima è la parola *volere*. *Volere* ha 27 definizioni che implicano "mancanza". Per migliaia di anni, nella lingua inglese, la parola volere ha significato "mancanza", e tu hai avuto più di una vita nella quale hai parlato inglese, oltre a questa. E in questa vita, per quanti anni hai usato la parola *volere*, pensando che stavi creando desiderio? In verità, cosa hai creato? *Volere*, mancanza. Hai creato mancanza. Quindi sei un creatore grande e glorioso, congratulati con te stesso.

S: (Ride)

R: La seconda parola è *bisogno*. Cos'è il *bisogno*?

S: Mancanza.

R: È la debilitazione che deriva dal fatto di sapere che non puoi avere. Non puoi avere niente, se hai bisogno. E il bisogno sarà sempre seguito dall'avidità, perché starai cercando di ottenere qualcosa.

La terza parola è *provare*. *Provare* non è mai ottenere, *provare* è non fare nessuna scelta, *provare* è non fare niente. La quarta è *perché*.

E ogni volta che si incontra un *perché* si torna al punto di partenza.

S: Non riesco a capire cosa significa questo.

R: Ascolta un bambino di due anni per un po' e lo capirai.

S: Non ottieni mai una risposta.

R: La quinta parola è *però*. Ogni volta che dici *"però"*, cancelli la frase che hai detto prima: "Io andrei, però non posso permettermelo".

Non siate il bisogno. "Io ho bisogno" è come dire "io non ho". "Io voglio" è come dire "io ho mancanza di". "Ci provo" è come dire "non lo faccio". "Io però"… Fareste meglio a scendere dal pero. Prossima domanda.

CAPITOLO TRE

Quali emozioni provi quando pensi ai soldi ?

Rasputin: Chi si offre volontario per la prossima domanda?

Studente: La terza?

R: La terza, sì. Qual è la domanda?

S: Quali emozioni provi quando pensi ai soldi?

R: Sì. Quali sono le tre emozioni che provi quando pensi ai soldi?

S: La prima che è emersa non mi è piaciuta molto, ma… è la paura.

R: Paura? Ok. Quale punto di vista assodato devi avere per avere paura riguardo ai soldi?

S: Be', io lo interpreto in modo diverso, ovvero che ho paura della loro assenza…

R: Sì. Questo è il motivo per cui c'è quell'emozione: hai paura della mancanza di soldi, perché il presupposto di base è…

S: Che ne ho bisogno.

R: Scrivilo.

S: E poi strappo il foglio.

R: Scrivilo e poi strappa il foglio.

S: Ti farò una domanda terribile.

R: Ok.

S: Vado in un negozio. Hanno bisogno… Vogliono qualcosa in cambio di ciò che prenderò da loro.

R: Volere. Cos'è il volere?

A loro manca, sì. Volere significa mancanza. Quella è l'altra parola inquinata che devi eliminare. Ma per quale motivo vai in un negozio?

S: Per il cibo.

R: Giusto. Quindi vai in un negozio per il cibo. Cosa ti fa pensare che hai *bisogno* di mangiare?

S: Stai scherzando? Be', so che ho bisogno di mangiare.

R: *Bisogno*? Scrivilo di nuovo.

S*: Volere.*

R: Scrivilo, e butta via anche quello. *Bisogno* e *volere* non sono consentiti.

S: Ma ti viene fame!

R: Veramente? Tira energia nel tuo corpo. Fatelo tutti, mettete energia dentro di voi. Avete fame? No. Perché non mangiate più energia e meno cibo?

S: Andrebbe bene per un po', perché dimagrirei, ma poi comincerebbe a farmi male. (Risate)

R: Avresti abbastanza energia in te da diventare un pallone gigante.

S: E cosa succede agli amici che vengono a trovarmi, incluse le due persone che in questo momento sono ospiti a casa mia?

R: Chi ha detto che li devi sfamare? Com'è che loro non possono contribuire a te?

S: Loro lo fanno.

R: La tua paura è di non ricevere. La tua paura è che il denaro funzioni in una sola direzione, che è da te verso l'esterno. Ogni volta che senti paura, crei *bisogno* e *avidità.*

S: Ok.

S: Il *bisogno* deriva veramente dalla paura?

R: Sì, dalla paura. La paura fa entrare il *bisogno* e l'*avidità*.

S: Veramente?

R: Sì.

S: Mio Dio, hai ragione. Penso di aver appena compreso un'altra cosa che costituisce un sistema di credenze di base o che non è proprio una buona cosa.

R: Non è una buona cosa ricevere.

S: Non è una buona cosa avere troppo di qualcosa.

R: Non è una buona cosa ricevere.

S: Giusto. O ricevere da altri.

R: Ricevere, punto.

S: Giusto.

R: Se hai paura, non sei disponibile a ricevere, perché pensi di essere un pozzo senza fondo e di vivere in un buco nero e profondo. La paura è sempre quel buco dentro di te, è un luogo senza fondo. La paura ti rende bisognoso e avido, e nel frattempo diventi anche uno stronzo. Ok?

S: Ok.

R: La prossima emozione.

S: Desiderare di più.

R: Desiderio. Ah, sì. Che cos'è il desiderio? Vai fuori e ti metti a sculettare per avere di più?

S: Sapevo che non era il massimo.

R: Pensi "desiderio" e automaticamente hai "ottenere di più". Facci caso. "Ottenere di più": un'idea di insufficienza che si accompagna alla paura.

S: Sai, non solo ottenere più soldi, ma…

R: Ottenere di più, punto. I soldi non hanno niente a che fare con la realtà di cui stai facendo esperienza. I soldi sono un argomento intorno al quale crei una realtà di "nientezza", di non abbastanza, di *volere, bisogno, desiderio e avidità.* Ed è così per tutti, su questo piano di esistenza. È partendo da questi

presupposti che questo mondo ha funzionato. Avete un grande esempio di questo in ciò che voi chiamate i vostri anni '80, ed è stata la verità di questo mondo fin dal tempo in cui tutti voi avete deciso che i soldi erano una necessità. Cos'è una necessità? Qualcosa di cui non si può fare a meno per sopravvivere. Voi, in quanto Essere, siete sopravvissuti a milioni di vite, e non potete neanche ricordarvi quanto denaro avete avuto o quanto denaro avete speso e come lo avete fatto.

Ma siete ancora qui e state ancora sopravvivendo. E ognuno di voi è stato in grado di arrivare fin qui per capire qualcosa di più. Non dovete funzionare dal presupposto che avete una necessità. Il denaro non è una necessità, è il vostro respiro, è ciò che siete: siete denaro nella vostra totalità. E quando vi sentite come denaro, e non come una necessità, vi espandete.

Quando vi sentite come una necessità, in relazione al denaro, vi contraete e fermate il flusso di energia e di denaro.

La tua terza emozione?

S: Felicità.

R: Ah, felicità! In che senso? Felicità quando lo spendi, felicità quando ce l'hai in tasca, felicità quando sai che sta arrivando, felicità semplicemente perché si tratta di denaro?

Puoi guardare una banconota da un dollaro e provare felicità?

S: No.

R: Quale aspetto del denaro ti rende felice?

S: Sapere che certe cose possono essere realizzate o fatte.

R: Quindi il denaro compra la felicità?

S: Be', ho usato la parola sbagliata…

R: Come fa la felicità a venire dal denaro?

S: Non viene necessariamente da quello.

R: Quindi in che modo provi felicità in relazione al denaro? Quando ne hai a sufficienza? Quando ne hai in abbondanza? Quando ti dà sicurezza?

S: Sì, quando mi dà sicurezza.

R: Sicurezza. Interessante punto di vista.

S: Ma non esiste una cosa come la sicurezza.

R: Be', esiste. C'è sicurezza nella conoscenza e nell'avere consapevolezza di se stessi. Quella è l'unica sicurezza che c'è. L'unica sicurezza che puoi garantire è che attraverserai questa vita e lascerai questo corpo, e che avrai l'opportunità, se lo desideri, di tornare qui e di provare di nuovo a essere una creatura più prospera in questo mondo. Ma la felicità è dentro di te. Hai felicità, sei felicità, non la ottieni dai soldi. Essere felice richiede di essere felice e questo è tutto. E sei felice a eccezione di quando scegli di essere triste. Giusto?

S: Giusto.

R: Qualcun altro ha delle emozioni di cui vuole parlare?

S: Mi piacerebbe tornare a parlare ancora un po' della paura, perché ho investito una quantità enorme di energia su quell'emozione.

Dietro la paura, sotto la paura, c'è sempre la rabbia.

R: È esattamente così. Per che cosa sei veramente arrabbiato? Con chi sei arrabbiato?

S: Con me stesso.

R: Proprio così. E per che cosa sei veramente arrabbiato?

S: Perché sento il vuoto.

R: Per non parlare del fatto che non usi il tuo potere.

S: Ehm…

R: Perché non sei te stesso nella tua totalità. Lo senti questo?

S: Molto.

R: Senti nel corpo dove c'è la paura, dove c'è la rabbia.

S: Sì.

R: Adesso inverti la direzione di questa sensazione corporea, falla andare verso l'esterno. Cosa provi ora?

S: Sollievo.

R: Sì, in questo modo ti liberi dalla paura e dalla rabbia per fare spazio a te. Perché, se guardi te stesso, non c'è affatto paura nel tuo universo. Ce n'è?

S: No.

R: La sola rabbia che puoi esprimere è verso gli altri, perché la tua vera rabbia è verso te stesso ed è nata laddove ti sei rifiutato di ricevere la verità della tua energia nella sua totalità. Dunque puoi essere il potere che sei, l'energia che sei? Lascia andare la rabbia, smetti di trattenerla dentro di te. Così, proprio così. Che sollievo, eh?

S: Sì.

R: Adesso devi continuare a fare pratica, ok?

S: Sì.

R: Hai sminuito te stesso, come hanno fatto tutti in questa stanza, continuamente, per miliardi di anni, perché non sei stato te stesso, non sei stato potere. E lo hai fatto per schiacciare la tua stessa rabbia. Interessante, eh? La rabbia verso te stesso.

Non c'è nessuno di voi qui che non sia arrabbiato con se stesso per il fatto di non consentirsi di essere il potere che è nella sua totalità.

Bene, questo ha spazzato via un po' di cose. Qualcun altro vuole parlare di emozioni?

S: Mi piacerebbe parlare ancora della paura dal mio punto di vista. Quando entro nella paura, sento costrizione, sento una chiusura.

R: Dove senti questa sensazione?

S: Nella zona del plesso solare.

R: Bene, ora porta questa sensazione fuori di te, verso l'esterno. Così. A cosa assomiglia adesso?

S: A un bel po' di lacrime.

R: E cosa c'è sotto le lacrime?

S: Rabbia.

R: Rabbia, sì. Quella cosa concentrata in un piccolo nodo dentro di te. Pensi di averla nascosta bene, eh? Non lasciare uscire la rabbia, non lasciarla uscire totalmente. Senti la rabbia e poi lasciala uscire da te. Sì, così. Adesso fai caso alla differenza e all'espansione.

La senti?

S: Sì, mi sento molto bene.

R: Sì, ci si sente molto bene. Questa è la verità di chi sei. Normalmente ti espandi in quanto essere al di fuori del tuo corpo, non avendo la capacità di essere minimamente connesso a questo luogo. Mentre lasci andare la rabbia, senti la realtà del connetterti a te stesso totalmente, non come un'entità spirituale, ma come la verità di chi sei veramente. C'è un senso di calma e di pace che ti sopraffà, quando lo fai veramente. Lascia andare completamente la rabbia. Così.

S: Sì, ho capito.

R: Sentilo, senti che è la verità di chi sei veramente, cioè potere. Il resto è fuorviante.

S: È come... entrare in me stesso.

R: Esattamente. È essere totalmente connesso, è essere totalmente consapevolezza, totalmente controllo. Che sensazione ti dà il controllo da questa dimensione?

S: È totalmente diverso dall'altro tipo di controllo.

R: Sì, l'altro è più cercare di controllare la tua rabbia, no?

S: Be', immagino.

R: Ultimamente stai cercando di controllare la tua rabbia, perché la verità è che non ti stai permettendo di risplendere. C'è pace, c'è calma e c'è magnificenza dentro di te. Ma tu le stipi sotto la rabbia. Fintanto che penserai che la tua rabbia non è opportuna, ti porrai delle limitazioni.

Tu provi a controllarla (puoi provare a controllare qualunque altra cosa intorno a te) come se fosse un modo per nasconderla a te stesso. Tu sei arrabbiato con te stesso. Sii in pace con te stesso. Così, proprio lì. Lo senti?

S: Esatto.

R: Sì, è così. Quello sei tu. Senti la tua energia che si espande.

S: Oh, è così diverso!

R: Estremamente diverso. Sì, è così. Sei dinamicamente te stesso. Quella è la verità di chi sei.

S: C'è oscurità e io penso di avere controllo su quello...

R: Ok.

S: So di avere anche qualcosa, a questo proposito, che sfugge al mio controllo.

R: Dove senti l'oscurità?

S: Mi sembra di pensare di andarci dentro, piuttosto che sentire che è dentro di me...

Non ne sono sicuro.

R: Dove la senti? È fuori da te? È dentro di te? Chiudi gli occhi, senti quell'oscurità. Dove la senti?

S: Nella parte bassa dello stomaco, penso. Poi lascio che mi inghiotta.

R: Bene. Allora, come fai a pensare di sentirla? È nella tua mente...

S: Ok, così funziona.

R: Stai sperimentando l'oscurità? Che cos'è? È la sensazione che non ci sia nient'altro che l'oscurità connessa al denaro e che in qualche modo quell'oscurità abbia a che fare con il male. Quindi ricevere denaro non è assolutamente permesso.

Lì, senti lo spostamento? Inverti la direzione. Sì, così. Trasformalo in bianco. Senti il chakra della corona che si apre. Adesso ciò che tu chiami oscurità può riversarsi all'esterno. E in questo modo la realtà di te è presente.

Fai caso a come cambia la tua energia. Hai lasciato andare l'idea, l'emozione del male, perché non è reale. È solo un interessante punto di vista.

Nessun'altra emozione?

S: Credo che la mia emozione dominante riguardo ai soldi sia l'ambivalenza.

R: Che cos'è ambivalenza? Dove la senti?

S: La sento nella zona del plesso solare e nei chakra più bassi.

R: L'ambivalenza riguarda il non sapere di questo piano di esistenza. La sensazione che il denaro appartenga a qualcosa che tu non capisci. Senti uno spostamento nei tuoi chakra inferiori?

S: Sì.

R: Quello è il risultato della connessione con il fatto che sei consapevolezza e che, in quanto consapevolezza, sei denaro. In quanto consapevolezza, sei anche potere e tutti i chakra sono connessi all'energia, che è quello che tu sei. Lì esiste ancora ambivalenza per te?

S: No.

R: Qualche altra emozione?

S: Io sento avversione e vergogna.

R: Molto bene, ottime emozioni: avversione e vergogna. Dove le senti?

S: Penso di sentirle...

R: Tu pensi le sensazioni?

S: No. Nello stomaco e nei polmoni.

R: Nella stomaco e nei polmoni. Quindi per te il denaro significa respirare e mangiare. Sposta la vergogna fuori dal tuo stomaco. Senti l'energia del chakra corrispondente che si apre?

S: Sì.

R: Bene. Qual è l'altra emozione?

S: Avversione.

R: Avversione. Nei polmoni. Avversione per te significa che devi soffocare per avere denaro. Devi soffocarti per ottenere denaro, dal tuo punto di vista. È una realtà?

S: Sì.

R: Lo è?

S: No, no, no.

R: Ok.

S: Mi rendo conto di questo in quanto essere….

R: Di come stai funzionando?

S: Sì.

R: Bene. Quindi inverti quel respiro ed espira tutto questo. Bene, adesso inspira denaro… ed espira vergogna. Inspira denaro attraverso ogni poro del tuo corpo ed espira avversione. Ora come ti senti? Un po' più libero?

S: Sì.

R: Bene. Qualcun altro vuole parlare delle emozioni?

S: Paura.

R: Paura. Altre emozioni?

S: Ansia e sollievo.

R: Il denaro ti dà sollievo?

S: Sì.

R: Quando?

S: Quando mi arriva.

R: Interessante punto di vista. Ansia e paura, vediamo prima queste due emozioni, perché sono la stessa cosa. Dove senti paura e ansia? In quale parte del tuo corpo?

S: Nello stomaco.

R: Ok, spingile fuori dallo stomaco, fino a un metro davanti a te. Cosa ti sembra?

S: Una cosa viscida e verde.

R: Viscida?

S: Sì.

R: Sì. Per quale motivo è viscida e verde?

S: Perché non la posso controllare.

R: Ah, interessante punto di vista! Nessun controllo. Così non sei "io sono controllo"? Stai dicendo a te stesso: "Io non posso controllare, non sono in controllo". Questo è il presupposto di fondo in base al quale stai funzionando. "Non sono in controllo." Quindi, hai creato molto bene paura e ansia.

S: Sì.

R: Bene, sei un creatore grande e glorioso. Complimenti! Ti sei congratulato per la tua creatività?

S: Con una certa vergogna.

R: Interessante punto di vista! Perché con vergogna?

S: Perché non so fare niente di meglio.

R: Sì, ma non importa se avresti saputo fare di meglio. Ciò che importa è che tu adesso capisca che sei un creatore e che hai fatto un lavoro magnificente in quanto creatore, il che significa che puoi scegliere in modo diverso e puoi creare un risultato diverso.

S: Richiede disciplina.

R: Disciplina? No.

S: Fortuna.

R: No, potere! Tu sei energia, in quanto potere: "Io sono potere, io sono consapevolezza, io sono creatività, io sono controllo, io sono denaro". In questo modo crei il cambiamento, diventando l'"io sono" che sei, invece dell'"io sono" che sei stato.

Inizia a osservare dove hai creato i tuoi punti di vista che hanno reso il denaro una solidità e ti hanno fatto sentire. Quando li senti incuneati in una parte del corpo, spingili fuori da te e chiedi a te stesso: "Qual è il punto di vista sottostante a partire dal quale sto funzionando, che nemmeno vedo?" e consenti a te stesso di ricevere la risposta. Dopodiché, acconsenti al fatto che la risposta sia soltanto un interessante punto di vista, dopotutto. Cosa posso scegliere adesso? Io scelgo "io sono creatività, io sono consapevolezza, io sono controllo, io sono potere, io sono denaro". Se crei "io non sono", se crei "io non posso", non sarai in grado di farlo.

Quindi, congratulati con te stesso per ciò che hai creato e fallo con grande e glorioso entusiasmo. Non c'è niente di sbagliato in ciò che hai creato, quindi congratulati con grande e glorioso entusiasmo e piacere. Non c'è niente di sbagliato in ciò che hai creato, tranne il tuo giudizio in merito. Se tu fossi una barbona per strada, quella sarebbe una creazione migliore o peggiore di quella che sei tu attualmente?

S: Peggiore.

R: Interessante punto di vista.

S: Non se non ne sei consapevole.

R: Questo è giusto, non se non ne sei consapevole. Adesso sai che hai scelta, puoi creare. Ora, che cosa succede se il tuo vicino di casa ti dice che non riceverai la tua paga questa settimana perché verrà usata per pagare il cancello che hai rotto?

S: È un interessante punto di vista.

R: Esattamente, è un interessante punto di vista, ed è tutto ciò che è. Se di fronte a questo evento reagisci e resisti, lo rendi una solidità e allora il tuo vicino prenderà il denaro.

S: Perciò ci stai dicendo che quando qualcuno dice qualcosa di negativo...

R: Qualunque punto di vista a proposito dei soldi.

S: Ok, quello è un interessante punto di vista.

R: Sì. Senti com'è e dov'è la tua energia mentre reagisci e resisti.

S: Ok, e poi passo subito a dire gli "io sono"?

R: Sì.

S: Ho capito. Si è fatta luce.

R: Quando senti un particolare punto di vista, un'ansia, o una paura incuneati nel tuo corpo, che cosa succede?

S: Che devi farla uscire e spingerla via da te.

R: Sì. E quando senti ansia e paura nella pancia, è perché non sei abbastanza sazio?

S: No.

R: Non stai parlando di nutrimento. Di cosa stai parlando? Del corpo. Tu senti il denaro come una funzione del tuo corpo, come se fosse una realtà tridimensionale. Il denaro è una realtà tridimensionale?

S: No.

R: No, ma tu cerchi di renderlo tale. Osservate i vostri punti di vista riguardo al denaro: è sicurezza, è case, è banconote, è cibo, è riparo, è abiti. È vero?

S: Be', questo è ciò che compri con i soldi.

R: Questo è ciò che compri con i soldi, ma lo fai attraverso la scelta, giusto?

S: Per necessità.

R: Questo è ciò che stai scegliendo in questi dieci secondi. Necessità, eh? Interessante punto di vista. Scegli i vestiti da indossare per necessità?

S: Sì.

R: Davvero?

S: Sì.

R: Non li scegli perché sono carini o perché ti fanno sembrare bella?

S: La maggior parte delle volte servono per tenermi caldo.

R: E d'estate, quando indossi un bikini?

S: Ah, fico! E poi mi fa apparire bella.

R: Giusto. Quindi fai una scelta non in base alla necessità, ma in base a come vorresti sentirti, giusto?

S: Sì, ma hai bisogno...

R: *Ma*! Butta via quella parola!

R: Sì. Devi avere delle scarpe e devi anche....

R: Come mai devi avere delle scarpe? Puoi camminare scalza.

S: Forse potrei, ma...

R: Certo che potresti.

S: Ne ho bisogno, fuori fa freddo.

R: Bisogno, eh?

S: Biancheria intima, calze...

R: Bisogno, eh?

S: Bisogna averle!

R: Chi l'ha detto? Come fai a sapere che non puoi parlare col tuo corpo e chiedergli di scaldarti?

S: E allora che cosa mi dici...

R: Tu, in quanto Essere, non avresti neanche bisogno del corpo.

S: Be', quello sarebbe fico!

R: Quello è fico!

S: Devi avere del cibo, indossare scarpe...

R: Noi non indossiamo niente. Gary porta le scarpe, ma questo è perché è un rammollito: non camminerebbe mai nella neve senza scarpe!

R: Lui pensa che faccia freddo.

S: In effetti fa freddo.

R: Be', questo è un interessante punto di vista. Dovresti provare la Siberia, se volessi sperimentare il freddo!

S: E quando i miei figli hanno fame?

R: Quante volte i tuoi figli hanno avuto fame?

S: Un paio di volte.

R: E per quanto tempo hanno avuto fame?

S: Per una notte.

R: Tu cosa hai fatto?

S: Ho chiesto dei soldi a mio padre.

R: Li hai creati, no?

S: Sì.

R: Ti sei congratulata con te stessa per la tua abilità creativa?

S: Be', ho ringraziato mio padre.

R: Quello è un modo per creare. Creare significa essere la consapevolezza di se stessi. Essere "io sono creatività" , essere "io sono consapevolezza", essere "io sono potere", essere "io sono controllo", essere "io sono denaro"...

Tu stai facendo resistenza: "ma", "bisogno", "perché", "devi", "è una necessità", sono tutti punti di vista di "io non posso avere" e "io non mi merito". Questi sono i punti di vista sottostanti in base ai quali stai funzionando. Quelli sono i punti di vista in base ai quali stai creando la tua vita. È questa la condizione a partire dalla quale vuoi creare?

S: Be', io posso vedere questo processo in ogni aspetto della vita tranne che per quanto riguarda i soldi.

R: Sì, perché vedi i soldi in modo diverso. In che modo vedi i soldi? Come la radice di tutti i mali?

S: Sì.

R: Di chi è quel punto di vista? In verità non è tuo, lo hai comprato. "È il diavolo che me l'ha fatto fare eh?" Vedi, tu lo stai creando come qualcosa di diverso, come qualcosa che non fa parte della tua creatività.

S: Quindi, se dico a me stessa tutti gli "io sono", mi ritroverò i soldi in tasca?

R: Cominceranno ad arrivare nelle tue tasche. Ogni volta che dubiti, mini le fondamenta di ciò che stai creando.

Mettiamola così, quante volte hai detto: "Voglio dei soldi"?

S: Lo dico ogni giorno.

R: "Voglio dei soldi." Stai dicendo: "Mi mancano i soldi". Cos'hai creato?

S: Ma è vero!

R: È vero? No, è soltanto un interessante punto di vista! Hai creato esattamente ciò che hai detto: "Voglio dei soldi". Lo hai fatto inconsciamente, ma comunque hai creato.

S: Cosa sarebbe successo se avessi voluto vincere alla lotteria?

R: Se ti fosse "mancato" di vincere alla lotteria, quello è esattamente ciò che avresti creato: "mancanza" di vincere la lotteria.

S: Stiamo parlando del potere della percezione.

R: Del potere delle tue parole, della tua consapevolezza, che crea la realtà del tuo mondo. Vuoi un esercizio semplice? Di': "Non voglio soldi".

S: Possiamo scegliere qualcos'altro?

R: Di': "Non voglio soldi".

S: Non voglio soldi.

R: Di': "Non voglio soldi".

S:.Non voglio soldi.

R: Di': "Non voglio soldi".

S: Non voglio soldi.

R: Di': "Non voglio soldi".

S: Non voglio soldi. Mi suona negativo.

R: Veramente? "Non mi mancano i soldi" è negativo?

S: Ma noi vogliamo i soldi.

R: Non volete i soldi!

R: "Io non voglio soldi." Senti l'energia di questa frase. Come ti senti mentre dici: "Io non voglio soldi"? Volere significa mancanza, continui a cercare di mantenere quella definizione.

"Io sono denaro." Non puoi essere "io ho soldi", non puoi avere qualcosa che non sei. Stai già creando qualcosa mentre dici: "Voglio dei soldi", stai creando un'abbondanza di mancanza. No?

S: Sì.

R: Bene, quindi adesso puoi dire: "Io non voglio soldi"?

S: Io non voglio soldi (ripetuto molte volte).

R: Ora senti la tua energia, sei più leggero. Lo senti?

S: Sì, mi gira la testa.

R: Ti gira la testa perché ciò che hai creato è l'irrompere della luce nelle strutture della realtà per come l'hai creata. Tutti voi potete farlo: ditelo a voi stessi e sentite che ricevete più leggerezza e risate nella vostra vita mentre dite: "Non voglio soldi".

S: Si può dire: "Io sono ricco"?

R: No!! Cos'è la ricchezza?

S: Felicità.

R: Veramente? Pensi che Donald Trump sia felice?

S: No, non ricco in senso economico.

S: Oh, come se il denaro controllasse ciò che dobbiamo fare!

R: Questo è un interessante punto di vista. Dove l'hai trovato?

S: Perché…

R: Dove hai trovato quel punto di vista?

S: Ho preso l'idea dal pensare che…

R: Vedi? È quel pensare che ti crea problemi. Ti ha fatto sentire bene?

S: No.

R: No, non ti fa sentire bene e non è vero. Dire: "Io sono ricco" ti fa sentire bene?

S: Mi farebbe sentire bene.

R: Interessante punto di vista. Ti farebbe sentire bene? Come fai a saperlo? Sei stato ricco?

S: Be', avevo soldi quando…

R: Sei stato ricco?

S: No.

R: Puoi essere ricco?

S: Sì.

R: Veramente? Come puoi essere ricco se dici solo: "Se io fossi"? Guardi al futuro nell'aspettativa di questo e di come dovrebbe essere, non guardi a come è.

S: È come quando hai un capo che ti paga e devi fare ciò che dice e devi…

R: Hai un capo che ti paga?

S: Non in questo momento, ma …

R: Questo non è vero, hai un capo che ti paga e non ti sta pagando molto bene, perché non sta prendendo soldi per ciò che sa fare. E tu sei quel capo, tesoro! Tu sei il tuo capo. Crea il tuo business, crea la tua vita e permettile di venire a te. Tu ti stai nascondendo nell'armadio e stai dicendo: "Non posso, non posso, non posso". Chi sta creando quel punto di vista? Cosa accadrebbe se dicessi: "Io posso" e: "Io capisco" invece di: "Io non posso e io non capisco"? Cosa accadrebbe alla tua energia? Senti la tua energia.

S: Sono bloccata sul fatto che senza soldi i bambini non possono mangiare.

R: Chi ha detto che sarai senza soldi? Tu l'hai detto! Tu hai dato per scontato che non avresti avuto soldi a meno che tu non avessi fatto qualcosa che odi. Quanto spesso guardi al lavoro come divertimento?

S: Mai.

R: Quello è il punto di vista che sostiene questa realtà. Inoltre tu dici che tu lavori con la sfera di cristallo. Quindi non lo consideri un divertimento. Ami ciò che fai?

S: Sì.

R: Se fai ciò che ami, come mai non ti puoi permettere di ricevere?

S: Non ne so ancora abbastanza, ho bisogno di più informazioni.

R: Non hai bisogno di più informazioni, hai a tua disposizione diecimila vite nelle quali sei stata una sensitiva che leggeva la sfera di cristallo. Adesso cos'hai da dire a proposito dell'imparare, a parte che è una merda?

R: Ti ho scoperta! Adesso non hai più nessun posto dove nasconderti.

S: Dunque, ho letto ciò che ho visto nella sfera ed era inesatto e mi sono sentita una cretina.

R: Come sai che era inesatto?

S: Be'...

R: Cosa?

S: Non lo so.

R: Quindi, i tuoi clienti torneranno?

S: Non lo so.

R: E quando lo farai per un'altra persona e lo farai bene, poi tornerà?

S: Sì, devo dire di sì.

R: Allora come fai a dire che non lo sai ancora? A chi stai mentendo?

S: Cosa?

R: A chi stai mentendo?

S: Eh...

R: A chi stai mentendo?

S: Te lo giuro, non so cosa sto vedendo.

R: Non è vero. Come mai hai dei clienti che tornano da te che pensano...

S: Perché ho visto fatto una lettura giusta.

R: Sì, hai fatto una lettura giusta. Che cosa ti fa pensare che non fai una lettura giusta tutte le volte? Quanti clienti hai che non tornano da te?

S: Nessuno.

R: Ragazzi, questo è un caso difficile, lei ha bisogno di un sacco di convincimenti, giusto? Si sta accertando definitivamente di non avere soldi né abbondanza né prosperità nella vita. Che capo interessante che hai! Non solo non ti paghi bene, ma non riconosci a te stessa neanche che hai abbastanza lavoro, mentre, per sapere che lavori bene, hai creato dei clienti che continuano a tornare. Sai quanti clienti ci vorrebbero, in più, per darti abbondanza nella tua vita?

S: Forse trenta in più alla settimana.

R: Bene, quindi puoi permettere a trenta clienti in più alla settimana di entrare nel tuo spazio?

S: Sì, nessun problema.

R: Nessun problema?

S: Nessun problema.

R: Sei sicura?

S: Sono sicura.

R: Bene, allora ti puoi permettere di avere centomila dollari? Un milione di dollari?

S: Sì.

R: Dieci milioni di dollari?

S: Sì.

R: Bene, ti sei spostata un po' dalla posizione iniziale adesso. Grazie molte, lo apprezziamo tutti. Sei una creatrice grande e gloriosa.

Congratulati con te stessa ogni volta che fai una lettura che ami. E fai il tuo lavoro partendo dall'amore. Non essere lavoro, sii divertimento. Ti stai divertendo con ciò che fai, non stai lavorando.

Il lavoro fa schifo, il divertimento è divertente e lo puoi fare per sempre. Crei ciò che è, nient'altro. Puoi lavorare al distributore di benzina e divertirti, puoi lavare finestre e divertirti, puoi pulire i bagni e divertirti. E verrai pagato per farlo, avrai una grande e gloriosa prosperità. Ma solo se ti stai divertendo. Se lo vedi come lavoro, lo hai già creato come qualcosa che odi. Perché su questo piano di esistenza è tutto così: lavorare è fatica, difficoltà e dolore. Interessante punto di vista, eh?

S: E se non sai che cosa vuoi fare?

R: Ma tu lo sai.

S: Io lo so, ma prima di essere condotta a questo, non lo sapevo,

R: Come sei riuscita a farti portare alla sfera di cristallo? Hai permesso a te stessa di connetterti all'intuizione e alla veggenza, e hai chiesto al cosmo di accordarsi alla tua visione e di darti ciò che desideravi. Hai creato, in quanto visione. Hai avuto il potere del tuo essere, il sapere come consapevolezza, la certezza che sarebbe successo e il controllo per permettere all'universo di provvedere per te. Quindi, hai già quattro elementi per essere "io sono denaro". Capito?

CAPITOLO QUATTRO

Quali sensazioni ti danno i soldi?

Rasputin: Passiamo alla prossima domanda, chi vuole offrirsi volontario per la prossima domanda?

Studente: Io.

R: Qual è la prossima domanda?

S: Quali sensazioni ti danno i soldi?

R: Che sensazioni ti danno, giusto.

S: Quindi è diverso dalle emozioni che senti a proposito dei soldi?

R: Be', non necessariamente.

S: Io ho detto: "Oh, grande".

R: Quindi quale sensazione ti danno i soldi?

S: In questo momento lo percepisco in modo molto confuso.

R: È come confuso. Senti che quella confusione è un'emozione?

S: Un'emozione e un pensiero.

R: È una condizione mentale, sì.

S: Sì.

R: Ti ricordi quando abbiamo parlato di cos'era quel giramento di testa?

S: Sì.

R: Hai aperto il tuo chakra e hai permesso a quella sensazione di uscire? La confusione è un'immagine creata del denaro. Quali presupposti dovresti avere per avere confusione? Dovresti aver dato per scontato che non lo sai. Il presupposto sarebbe "non lo so, lo dovrei sapere".

S: Ecco perché mi sento confuso.

R: Giusto. "Io non lo so, io dovrei saperlo." Questi sono punti di vista opposti che creano confusione, e sono solo interessanti punti di vista.

Senti lo spostamento dell'energia quando dici le due frasi? "Io dovrei saperlo, io non lo so." Interessante punto di vista "non lo so". Interessante punto di vista "dovrei saperlo". Come senti la confusione adesso?

S: Be', a parte il fatto che io …

R: Certo.

S: In questo momento mi sembra molto irreale, nel senso che per me adesso le prospettive sono soldi ed energia, potere e capacità di creare, nella loro purezza, il che sembra molto chiaro mentre non ho a che fare con i soldi, quando non sono nella situazione di doverne avere un po'.

R: Qual è il presupposto in base al quale stai funzionando?

S: Che c'è una qualche realtà che non viene capita.

R: Esattamente.

S: È questo il vero problema.

R: Quello non è il problema, quello è il presupposto in base al quale tu funzioni, che ti dice automaticamente che tutto questo è diverso dalla realtà che sei. Il tuo presupposto è che la realtà fisica non è la stessa realtà della realtà spirituale, intesa come la realtà di chi sei veramente. Che quella purezza non esiste su questo piano e che tu non puoi mai portare quella purezza su questo piano.

S: È vero.

R: Questi sono dei presupposti, sono false informazioni sulla base delle quali hai creato la tua realtà.

S: A me sembra che la confusione deriva anche dal fatto che sembrano esserci altri esseri viventi che hanno diverse realtà, e che sembra che non ci sia nessuna confusione per altre persone. Le persone stesse, i punti di vista delle altre persone, le persone sulla mia strada, le persone al negozio…

R: Cosa c'entra quello di cui stai parlando? Ci sono altre realtà? Altre persone hanno realtà diverse? Sì, ci sono alcuni…

S: Da un altro punto di vista…

R: C'è qualcuno qui che non si identifica con ciò che lei ha detto? Hanno tutti lo stesso punto di vista che hai tu.

S: Intendi che sono tutti confusi?

R: Sì. Ogni uomo ha esattamente lo stesso punto di vista. Tutti pensano che non si può portare il mondo spirituale nella realtà fisica. Solo coloro che non comprano quel punto di vista, che non danno per scontato che è assolutamente impossibile, sono capaci di creare, ma persino costoro sono capaci di creare la loro realtà solo in ambiti limitati. Se focalizzi la tua vita sul fare denaro, il tuo unico scopo nella vita è essere Donald Trump, Bill Gates… Non importa, l'immagine è la stessa. Stessa persona, corpo diverso. Tutta la loro vita è improntata sul fare soldi, ogni cosa che fanno riguarda i soldi. Perché devono farne così tanti? Perché, come te, sono sicuri che li finiranno la prossima settimana.

S: Non è solo un gioco per loro?

R: No, loro stanno funzionando a partire dal punto di vista che non ce ne saranno abbastanza e loro non ne avranno mai abbastanza, indipendentemente da quello che fanno. È solo uno standard diverso, tutto qui.

S: Stai dicendo che queste persone non si sentono libere grazie alle loro fortune?

R: Pensi che Donald Trump sia libero?

S: In un certo senso, penso di sì.

R: Veramente? Può andare in Limousine, questo gli dà libertà. Oppure questo significa che deve avere delle guardie del corpo per tenerlo al sicuro da chiunque cerchi di prendergli i soldi? Gli dà libertà avere ventisette persone che cercano di ottenere soldi da lui ogni giorno?

S: Dà l'illusione della libertà.

R: No, ti dà l'illusione che questa sia libertà. Pensi che sia libertà solo perché non ce l'hai. Non è più libero di te, semplicemente ha più soldi da spendere in cose che non gli servono. Pensi che il fatto di avere più denaro lo renda uno spirito più grande?

S: No, sicuramente no.

R: Lo rende uno spirito inferiore?

S: No.

R: Oh, c'è un interessante punto di vista qui, ragazzi! (Risate) Lo stavate pensando tutti, solo che non avete avuto la faccia tosta per dirlo: "Il fatto che ha più soldi lo rende peggiore".

S: Sì, hai ragione.

R: Sì, questo è ciò che stavi pensando. Non lo hai detto, ma lo hai pensato.

S: Questo fa sì che lui controlli le persone intorno a lui.

R: Veramente? Sì, lui controlla il sole, la luna, le stelle… ha il controllo totale su queste cose.

S: Ma controllare le persone non è...

R: Ah, controllare le persone! Questo è il tuo standard di grandezza.

S: Quello non è il mio standard, no! Stiamo parlando di Gates e dei suoi guadagni, e di Trump e dei suoi guadagni, per determinare il suo controllo.

R: Lui è controllo, in verità?

S: No. Io…

R: Oppure viene controllato dal suo bisogno di soldi? La sua vita è completamente bloccata dalla necessità di creare soldi e ancora, ancora, ancora e ancora soldi. Perché quello è l'unico modo in cui si sente adeguato.

S: Ma penso anche che l'energia che spinge fuori per assorbire…

R: Ok, hai un'altra parola che metterai vocabolario tra le tue parole da eliminare.

S: Quale?

R: *Ma*.

S: *Ma*?

R: Ogni volta che qualcuno ti dice qualcosa, tu tiri fuori un "ma".

S: Questo è vero per…

R: Questo è vero per la maggior parte di voi: quando vi viene data un'informazione, istantaneamente cominciate a creare un punto di vista opposto, perché quell'informazione non si allinea o non concorda con voi. Perché non si allinea o non concorda, perché c'è resistenza da parte vostra a permettere che sia, o perché siete in reazione a essa. Dopotutto, è solo un interessante punto di vista il fatto che quest'uomo sia governato dal denaro.

S: Questo era ciò che volevo dire, ma io…

R: No, hai un altro punto di vista, che è solo un punto di vista e nient'altro.

S: Sì, lo sto imparando.

R: Non ha nessun valore. Ogni volta che create una considerazione a proposito del denaro, create una limitazione in voi stessi. In voi stessi! E ogni volta che dite a qualcun altro qual è il vostro punto di vista, create una limitazione nell'altra persona.

Se vuoi creare libertà, allora sii libertà. La libertà consiste nell'essere privi di considerazioni su qualsiasi cosa! A cosa assomiglierebbe il mondo se voi manifestaste tutta la vostra luce con facilità gioia e gloria, senza considerare che ci sono dei limiti? Se aveste pensiero illimitato e abilità illimitata e *allowance* illimitata, ci sarebbero graffiti sui muri, ci sarebbero senzatetto, ci sarebbe la guerra, ci sarebbero le devastazioni, ci sarebbero le bufere di neve?

S: Perciò, qual è la differenza? Non ci sarebbe il clima?

R: Se non aveste nessuna opinione a proposito delle bufere di neve, ci sarebbe solo il clima, non ci sarebbe bisogno di tempeste di neve. Ascolta la televisione: quando si avvicina il momento in cui sta per arrivare la neve, la manifestano, cominciano a parlare di quanto sarà grande la tempesta. "La tempesta del '96... Sarà una tempesta come quella del '96... Ci sarà una grande e gloriosa tempesta di neve, e ci sarà devastazione; è meglio che andiate a comprare quante più cose possibile." Quanti di voi comprano quel punto di vista e cominciano a creare la propria vita partendo da lì?

S: Non andrei a comprare delle cose, ma potrei passare il pomeriggio al parco.

R: Hai comprato quel punto di vista, che è ciò di cui stiamo parlando. Istantaneamente hai deciso che era vero. Non ascoltate i vostri televisori, liberatevi di loro. O guardate solo quei programmi che sono totalmente "sciacqua cervello". Guardate "Scooby Doo", i cartoni animati: ci sono punti di vista più interessanti in quei programmi. Se ascoltate le notizie, diventerete molto depressi e vi farete molte idee su ciò che è il denaro.

Torniamo a noi. Hai capito qualcosa a proposito della confusione adesso?

S: No.

R: Cos'altro vorresti capire? Stai creando confusione.

S: Chi sono io? Sono un corpo? Voi siete qui? C'è qualcun altro qui? C'è una realtà? C'è qualche differenza? Cosa diavolo è l'esistenza? Voi, o qualsiasi cosa, siete pura energia? Non c'è separazione tra spirito e anima e consapevolezza? Ed è tutto qui? Lo è, lo è, lo è, lo è? Non c'è niente da dire a proposito di nessuna cosa? Allora cosa sono tutte le sofferenze, tutti i dispiaceri, tutte le illusioni, tutte le separazioni e tutte le confusioni?

R: Creazioni.

S: Giusto.

R: Hai creato...

S: Quindi su questo livello di esistenza creiamo qualcosa che è umano, che è una creazione; e questo "ego-sé", che è anch'esso una creazione, considera che c'è qualcosa chiamato denaro e luogo, che è a sua volta una creazione. Il che significa che se siamo a Wall Street o stiamo facendo la storia degli Stati Uniti del 1996 di New York, allora stiamo concordando che tu e queste altre persone coesistete insieme. Questo non lo capisco.

R: Perché non capisci?

S: Chiunque altro è te e tu sei chiunque altro.

S: Questo è qualcosa... Non lo capisco.

70

R: Tu stai creando te stesso come separato, stai creando te stesso come diverso, stai creando te stesso come debilitato e stai creando te stesso come rabbia.

S: Sono così frustrato.

R: Sì, ma è proprio rabbia quella che c'è sotto.

S: Oh, sì.

R: Il fatto è che ti senti impotente. Quello è il presupposto di base partendo dal quale stai funzionando, che è sempre il presupposto di base della confusione. Qualunque confusione è basata sull'idea che non hai potere e che non hai abilità.

S: Ma io non ce l'ho.

R: Tu ce l'hai.

S: Sento di non averla.

R: Guarda la tua vita. Cos'hai creato? Hai cominciato con una quantità incredibile di denaro? Hai cominciato con un palazzo e poi l'hai perso? Oppure hai creato e creato, e poi sei entrato nella confusione e sei entrato nel dubbio e hai cominciato a sentirti impotente nel fare o nel sapere come controllarlo, e poi ha cominciato a staccarti da te, perché stavi creando confusione e stavi creando dubbio su te stesso? Sì, questo è quanto è accaduto nella tua vita, ma niente di tutto questo è la verità di chi sei.

Tu, in quanto Essere, hai totale potere per creare la tua vita. Puoi farlo e lo farai, e si manifesterà in modi più magnifici di quanto tu possa anche solo immaginare. Ma questo verrà dal tuo avere fiducia e ciò vale per tutti voi. Fiducia in te stesso, fiducia nel sapere che hai creato la realtà che esiste adesso e la consapevolezza che sei disponibile a cambiarla, che non desideri più essere quello.

Questo è tutto ciò che serve: la disponibilità a permettere che la tua vita sia diversa.

S: Perciò, se la mia vita cambia, significa che è la coscienza confusa che crea più guerre e più senzatetto? Dove va quella coscienza? Dove vanno le entità oscure che posso aver creato, o che qualche altra parte di me ha creato, che sono così lontane dalla mia visione di adesso? La televisione o i senzatetto dove vanno se io dico: "Non sono nella mia realtà, io non credo in questo, io non scelgo più questo"?

R: Non è questa la cosa importante. Tu stai facendo questo partendo dalla resistenza.

S: Giusto.

R: Perché il cambiamento accada, devi funzionare partendo dal permettere (*allowance*), non dalla resistenza, non dalla reazione, non dall'allineamento o dal consenso. *Allowance* significa ...

S: Io sono disponibile a permetterlo, voglio solo capire dove…

R: Stai funzionando dalla resistenza, perché stai cercando di capire partendo da qualcosa che non esiste realmente. Quelle altre persone, nel loro libero arbitrio e scelta, stanno anch'esse creando partendo da qualcosa che non esiste: una sequenza continua di accettazione, allineamento o accordo, reazione o resistenza. Questi sono gli elementi funzionali del tuo mondo. Tu, per cambiarlo, devi funzionare in base al permettere (*allowance*). Ogni volta che sei in *allowance*, cambi tutto ciò che è attorno a te. Ogni volta che qualcuno viene da te con un forte punto di vista e tu riesci a dire: "Ah, interessante punto di vista" e a stare nell'*allowance*, hai cambiare la consapevolezza del mondo, perché non hai comprato quel punto di vista, non lo hai reso più solido, non hai concordato con quel punto di vista, non hai fatto resistenza, non hai reagito, non l'hai reso una realtà. Hai permesso alla realtà di spostarsi e cambiare.

Solo l'*allowance* crea il cambiamento. Devi permettere a te stesso tanto quanto tu permetti agli altri, altrimenti ti sei comprato tutto il negozio e lo stai pagando caro.

S: Quindi questo diventa pacificazione totale per il mondo?

R: Assolutamente no. Facciamo questo esercizio. Pensate tutti a quello che vi dirò per un minuto. S, tu sarai la cavia. Ha dieci secondi per vivere il resto della tua vita, cosa scegli? La tua vita è finita, non hai fatto una scelta. Hai dieci secondi per vivere il resto della tua vita, cosa scegli?

S: Scelgo di non scegliere.

R: Stai scegliendo di non scegliere, ma, vedi, puoi scegliere qualunque cosa. Se cominci a capire che hai solo dieci secondi per creare forma, dieci secondi sono tutto ciò che ti serve per creare la realtà. Dieci secondi, anche meno in verità, ma per adesso quello è l'incremento sulla base del quale devi funzionare. Funzionando di dieci secondi in dieci secondi, sceglieresti la gioia o la tristezza?

S: Dovrei scegliere la tristezza.

R: Esattamente così. Vedi, hai creato la tua realtà partendo dalla scelta della tristezza. Quando scegli a partire dal passato o dall'aspettativa del futuro, non hai fatto proprio nessuna scelta. Non hai vissuto e non stai vivendo la tua vita, stai esistendo come una limitazione monumentale, monolitica. Interessante punto di vista, eh?

S: Sì.

R: Ok, quindi qual è la tua prossima risposta? La seconda risposta sulla tua lista di cosa tu… Qual era la domanda?

S: Quale sensazione ti danno i soldi?

R: Che sensazione ti danno i soldi? Sì, grazie.

S: Per me fondamentalmente, credo, in questo senso, è lottare stando in prigione….

R: Un punto di vista molto interessante, eh? Il denaro ti dà la sensazione di lottare stando in prigione. Questo certamente vale per tutti in questa stanza. C'è qualcuno che non vede questo come la realtà che ha creato?

S: Lottare stando in prigione?

R: Sì.

S: Io non la vedo così.

R: No?

S: Un po'… Non capisco cosa significa, in realtà.

R: Non lotti costantemente per ottenere denaro?

S: Ah, ok.

R: E il non avere abbastanza non ti fa sentire in prigione?

S: Mi arrendo.

R: Bene.

S: Dobbiamo essere tutti in una realtà simile.

R: State vivendo tutti la stessa realtà. È necessario anche fare delle osservazioni a questo proposito.

S: E cosa dici di S, con il suo sistema di baratto?

R: Be', non è una sua prigione più piccola?

S: Non lo so, non ne sono sicuro. Come lo senti, S?

S: Sì, è così.

R: Vedi? Ognuno ha i suoi punti di vista. Stai guardando S e stai vedendo la sua realtà come libertà, ma lui sta guardando la realtà di Donald Trump come libertà.

S: Ok, tu dici che dobbiamo parlarne. Come funziona questo?

R: *Allowance*. Interessante punto di vista, eh? Che io mi senta imprigionato dal denaro, che mi dia la sensazione di una prigione. Ti dà la sensazione del velluto? Ti dà la sensazione di espansione? No. Dà la sensazione di riduzione. Quella è la realtà o rappresenta ciò che hai scelto e il modo in cui hai scelto di creare la tua vita? È il modo in cui hai scelto di creare la tua vita. Non è più reale di quanto lo siano i muri. Ma tu hai deciso che sono solidi e che riparano dal freddo. E quindi funzionano. Perciò, con la stessa solidità, crei le tue limitazioni a proposito dei soldi. Comincia a funzionare in *allowance*, questo è il tuo biglietto per uscire dalla trappola che hai creato. Ok? Prossima domanda.

CAPITOLO CINQUE

Che aspetto hanno i soldi secondo te?

Rasputin: La prossima domanda è: "Che aspetto ha il denaro secondo te?".

Studente: Verde e oro e argento.

R: Quindi ha colore, ha conformità, ha solidità. Il denaro è veramente questo?

S: No.

R: No, il denaro è soltanto energia, tutto qui. Le forme che prende nell'universo fisico le avete create dando ai soldi importanza e solidità e, intorno a queste, create una solidità del vostro mondo, che crea un'incapacità di possedere soldi.

Se vedete i soldi d'oro e d'argento, allora sarà meglio che abbiate un sacco di collane al collo. Se li vedete verdi, e indossate vestiti verdi, avete soldi?

S: No.

R: Dunque è così che dovete vedere il denaro: non come una forma, ma come una consapevolezza dell'energia, perché questa è la forma di leggerezza partendo dalla quale potete creare la sua totalità in abbondanza.

S: Come si fa a vedere l'energia?

R: Proprio come l'hai sentita quando l'hai tirata dentro ogni punto del tuo corpo. È così che si vede l'energia. Con la sensazione di consapevolezza vedi l'energia.

S: Sì.

R: La prossima domanda.

CAPITOLO SEI

Che sapore hanno i soldi secondo te?

Rasputin: Qual è la prossima domanda?

Studente: Che sapore hanno i soldi?

R: Chi vuole rispondere a questa domanda? Questa sarà divertente.

S: Il denaro sa di cioccolato: nero e ricco.

R: Interessante punto di vista, eh?

S: Carta, inchiostro e sporco.

R: Carta, inchiostro e sporco: interessante punto di vista.

S: Una benda sporca.

S: Le mie papille gustative ai lati della bocca hanno cominciato a salivare.

R: Sì.

S: Dolce e acquoso.

S: Sporcizia scivolosa, stalla, biglie e alberi di pesco.

R: Bene. Quindi sa di cose molto interessanti per voi, eh? Notate che per voi il denaro ha gusti più interessanti rispetto alle sensazioni che vi dà. Ci sono più variazioni nel gusto. Come mai secondo voi è così? Perché lo avete creato come una funzionalità del vostro corpo. Per S, il denaro ha a che fare con il cibo, in questo caso il cioccolato. Vedete? Ognuno ha un suo punto di vista riguardo a ciò a cui assomiglia il sapore del denaro. È scivoloso: interessante! Supera la tua lingua facilmente, eh? Va giù facilmente?

S: No.

R: Interessante punto di vista. Come mai non va giù facilmente?

S: Appiccica.

R: Interessante punto di vista. Duro, "pezzettoso", croccante... Avete dei punti di vista veramente interessanti sul denaro.

S: Ma sono tutti lo stesso punto di vista.

R: Sono tutti lo stesso punto di vista, riguardano il corpo.

S: Anche se sembrano diversi. Lei...

R: Anche se sembrano diversi.

S: Lei ha detto cioccolato e io ho detto amaro, ma è lo stesso...

R: È lo stesso, fare riguardano tutti con il corpo.

S: Il sapore ha a che fare con il corpo.

R: Veramente?

S: Sì.

R: Non puoi sentire un sapore al di fuori del corpo?

S: Non in un tramezzino.

R: Il punto è che il denaro è una funzione che tu vedi come una funzione corporea. Lo vedi come una realtà tridimensionale, non come una realtà della creazione. Lo vedi come qualcosa di solido, reale e concreto, come qualcosa che ha gusto, forma e struttura. Perciò ha un particolare tipo di carattere che lo accompagna. Ma, se è energia, è leggerezza e facilità. Se è corpo, è pesante e importante, e di conseguenza è pesante e importante anche il luogo dove lo hai creato, giusto?

S: Sì.

R: Non è da lì che vengono tutti i tuoi punti di vista?

S: Quindi, quando hai fatto la domanda sul sapore, siamo entrati di nuovo nei presupposti.

R: Presupposti. Avete dato per scontato istantaneamente che il denaro era corpo, che è dove voi vivete e come funzionate.

È scivoloso, è sporco, è un sacco di cose, è coperto di germi. Che interessanti punti di vista sul denaro!

S: A volte è caldo e meraviglioso.

R: Caldo e meraviglioso? È veramente così?

S: È come se ce ne fosse un altro, c'è dietro questo fattore legato alla fiducia che fa sì che tu lo trattenga, uno standard dorato come...

R: Quello è un punto di vista, una considerazione che hai comprato. È una realtà? Non più! C'è veramente qualcosa dietro al denaro? Prendi un biglietto da un dollaro, cosa ci vedi dietro?

S: Aria.

R: Niente! Aria! Un bel po' d'aria, questo è tutto ciò che c'è dietro.

S: Un bel po' di aria fritta.

R: Una grande quantità di aria fritta, esattamente così. E quando senti le persone parlare del denaro, lo creano come aria fritta, ne parlano come se fosse aria fritta? Come lo creano? È molto importante e pesante e ha molta massa, giusto? Pesa su di te come una tonnellata di mattoni. È realtà? È come ti piacerebbe crearlo per te stesso? Bene. Quindi, comincia a guardarlo, a sentirlo. Senti la sensazione ogni volta che ascolti una considerazione sul denaro che viene a te. Questo è il compito che assegno a te e agli altri . Ogni volta che senti l'energia di qualche considerazione, idea, credenza, decisione o atteggiamento a proposito del denaro, senti dove ti colpisce nel corpo. Sentine il peso e trasformalo in leggerezza. È solo un interessante punto di vista, nient'altro; non è una realtà. Ma, molto velocemente, comincerai a vedere come è stata la tua vita a creare il flusso di denaro, partendo dalla tua stessa volontà, partecipando nel comprare i punti di vista di chiunque altro.

Dove sei tu in quella configurazione? Te ne sei andato, ti sei sminuito, ti sei lasciato sparire e sei diventato un lacchè, uno schiavo di ciò che hai chiamato denaro. Non è una verità più dell'aria che respiri. Non è più importante di fare un respiro. E non è più importante di guardare i fiori. I fiori ti danno gioia. Giusto? Guardi i fiori e provi gioia. Quando guardi i soldi, come diventi? Depresso, lì non c'è quello che speravi. Non provi mai gratitudine per il denaro che hai, giusto?

S: No.

R: Ricevi cento dollari e pensi: "Oh, questi pagheranno una bolletta. Dannazione, speravo di averne di più", invece di dire: "Wow, ho manifestato qualcosa di buono!". Non celebri ciò che crei, tu dici: "Oops, di nuovo non ho fatto abbastanza". Come si manifesta questo nella tua vita? Se trovi una banconota da un dollaro sul pavimento, la tiri su, te la metti in tasca e pensi: "Come sono fortunato oggi"? Pensi: "Ragazzi, ho fatto un grande lavoro di manifestazione, ho fatto un grande lavoro di creazione di flusso di denaro per me"? No, perché non erano diecimila dollari, che sono ciò di cui pensi di aver bisogno. Di nuovo quella parola: *bisogno*.

S: Di che cosa sa il denaro?

R: Di che cosa sa il denaro?

S: Sporco.

R: Sporco? Non c'è da meravigliarsi se non hai soldi.

S: Dolce.

R: Dolce: hai più soldi.

S: Bene.

R: Ha un buon sapore: ottieni un po' più soldi.

S: Sa di acqua.

R: Acqua. Va parecchio veloce, eh? Dritto alla vescica. Quali altri punti di vista? Nessun altro ha qualche punto di vista sul denaro?

S: Schifoso.

R: Schifoso. Qual è l'ultima volta che hai assaggiato il denaro?

S: Quand'ero ragazzino.

R: Dato che eri bambino, ti è stato detto che era sporco, che non dovevi metterlo in bocca. Hai comprato il punto di vista che il denaro era schifoso. Hai comprato il punto di vista che non era una bontà e che non era energia, ma che era qualcosa da cui scappare. Perché era sporco, perché non provvedeva a te come qualcosa di buono. Hai comprato quei punti di vista quando eri molto giovane e li hai tenuti per sempre. Puoi scegliere diversamente adesso?

S: Sì.

R: Bene. Permetti a te stesso di ricevere la realtà che tutto ciò è solo un interessante punto di vista. Di qualunque cosa sappia. È solo una solidità, è un'energia e anche tu sei energia. Ok? Hai creato il tuo mondo attorno a quel punto di vista sul denaro? "È sporco, è una schifezza." Hai limitato la quantità di denaro perché non vuoi essere una persona sporca? A volte è più divertente essere sporchi, a me è successo nella mia vita.

CAPITOLO SETTE

Quando vedi i soldi venire verso di te, da quale direzione li vedi arrivare?

Rasputin: Qual è la prossima domanda?

Studente: Da quale direzione vedi arrivare i soldi?

R: Bene. Da quale direzione vedi arrivare i soldi?

S: Da davanti.

R: Da davanti. Sono sempre nel futuro, eh? Li avrai nel futuro, a un certo punto diventerai molto ricco. Lo sappiamo tutti.

S: Ma certe volte mi sembra che arrivi dal nulla.

R: Il nulla è un posto migliore. Ma dov'è il nulla? Se salta fuori da tutte le parti, questo è il posto migliore da cui può arrivare.

S: E se arriva da tutte le parti tranne che dall'alto?

R: Perché stai ponendo dei limiti?

S: Io so. Non ci ho mai pensato.

R: Non hai mai pensato che andasse bene che cadesse dall'alto come pioggia…

S: No, la pioggia la vedo, ma non pensavo che potesse arrivare dal terreno. Come se fosse l'albero dei soldi.

R: Lascia che i soldi crescano da tutte le parti per te. I soldi possono arrivare da tutte le parti, i soldi sono sempre lì. Adesso senti l'energia in questa stanza. Stai cominciando a creare in quanto denaro. Sentite la differenza delle vostre energie?

Classe: Sì.

R: Tu da dove vedi arrivare i soldi?

S: Da mio marito.

R: Altri? Da dove?

S: Dalla carriera.

R: Dalla carriera, dal duro lavoro. Di quali punti di vista stai parlando qui? Se stai cercando soldi da qualcun altro, dov'è situata quella persona? Di fronte a te, di fianco a te, dietro di te?

S: Dietro di me.

R: È il tuo ex marito.

S: Sì.

R: Quindi stai guardando al passato, a lui, per ricevere nella tua vita. È da lì che stai creando?

S: No, ma penso...

R: Sì, ok. Stai mentendo. Quindi, prima di tutto, trai energia da ogni punto di questa stanza. Da davanti, attraverso ogni poro della tua pelle, tirala dentro ogni poro della tua pelle. Adesso tirala da dietro, attraverso ogni poro della tua pelle. Bene. Ora tirala dentro di te dai lati, attraverso ogni poro della tua pelle. Adesso tirala dentro di te da sotto, attraverso ogni poro della tua pelle. Adesso tirala dentro di te da sopra, attraverso ogni poro della tua pelle. Ora hai l'energia che sta entrando da ogni punto e il denaro è solo un'altra forma di energia, quindi trasformala in denaro adesso, mentre entra in te attraverso ogni poro e da ogni direzione.

Notate come la maggior parte di voi lo ha reso più solido. Rendetelo leggero, rendetelo di nuovo energia che state ricevendo. Adesso rendetelo denaro. Bene, così è meglio. Questo è il modo in cui diventate denaro: lo fate fluire dentro di voi attraverso ogni poro della vostra pelle. Non vedetelo arrivare da altre persone, non vedetelo arrivare da altri spazi, non vedetelo arrivare dal lavoro; permettetegli di fluire dentro di voi.

Adesso fermate il flusso in ogni parte del vostro corpo. Ora vorremmo che voi faceste fluire l'energia verso l'esterno di fronte a voi, più che potete. Fatela fluire verso l'esterno. Ancora. La vostra energia sta diminuendo? No, proprio no. Sentite che l'energia sta entrando da dietro, mentre la fate fluire in fuori davanti a voi.

Non c'è fine all'energia, continua a fluire, come fa il denaro. Adesso tirate energia in ogni parte del vostro corpo, da ogni punto. Notate che, mentre la state tirando da ogni parte, sta anche uscendo da ogni parte, non è mai stagnante. Adesso trasformatela in denaro, comincerete a vedere il denaro volare ovunque attorno a voi. Sì, entra ed esce e gira e passa attraverso. Continua a muoversi, è energia, come voi. E voi lo siete. Proprio così.

Adesso fermate il flusso. Fate fluire i soldi, centinaia di dollari verso chiunque altro in questa stanza, davanti a voi. Fate fluire verso l'esterno enormi quantità di denaro. Vedete le persone intorno a voi mentre ottengono enormi quantità di denaro. Fatele fluire verso l'esterno. Fatele fluire verso l'esterno. Fatele fluire verso l'esterno. Notate che state ancora tirando energia da dietro e, se lo permettete, la stessa quantità di energia entrerà da dietro mentre voi la fate fluire in avanti, e lo state facendo ancora in quanto denaro. Questo vi dà un'idea? Quando pensate che non avete abbastanza soldi per pagare una bolletta e fate fatica a far fluire in fuori il denaro, è perché avete chiuso la parte dietro di voi e non siete disponibili a riceverlo. Il denaro fluisce verso l'interno come fluisce verso l'esterno. Quando lo bloccate attraverso i vostri punti di vista che domani non ce ne sarà abbastanza, avete creato un' handicap in voi. Invece non avete handicap, se non quelli che voi stessi create. Ok, avete capito tutti? Passiamo alla prossima domanda.

CAPITOLO OTTO

Senti di avere più soldi o meno soldi di quanto hai bisogno?

Rasputin: La prossima domanda.

Studente: In relazione ai soldi, come mi sento? Ho più soldi di quelli di cui ho bisogno o meno soldi di quelli di cui ho bisogno?

R: Sì, Senti di avere più soldi o meno soldi di quanto hai bisogno?

S: Meno.

S: Devo dire meno.

S: Tutti hanno detto meno.

R: È qualcosa che date per scontato, eh? Nessuno di voi pensa di averne abbastanza. Poiché vedete sempre il denaro come bisogno, cosa creerete sempre? Bisogno, non abbastanza.

S: E le bollette che devo pagare domani?

R: Vedi? Pensi sempre a come pagherai i conti domani. Per oggi hai abbastanza? Sì!

S: Sono a posto?

R: "Sono a posto"! Chi dice così? Che punto di vista interessante che hai! "Sono a posto." "Sono grandioso, sono glorioso", così crei di più. I miei soldi sono meravigliosi. Amo questa quantità di denaro, ne posso avere quanto ne desidero. Consentigli di entrare. Sii grato per il fatto di averlo oggi, non ti preoccupare di domani, domani è un nuovo giorno, manifesterai nuove cose. Le opportunità verranno a te, giusto?

Adesso vediamo il mantra: "Tutto nella vita mi viene con facilità, gioia e gloria". Ripetetelo molte volte. Adesso sentite quell'energia. Non è la stessa di: "Io sono potere, io sono consapevolezza, io sono controllo, io sono creatività, io sono denaro"?

S: E amore?

R: E amore. Ma tu sei sempre amore, sei sempre stato amore e sarai sempre amore, quello è un dato di fatto.

S: Come mai è così?

R: Come mai è un dato di fatto? Innanzitutto, come pensi di aver creato te stesso? Dall'amore. Sei venuto qui con amore. L'unica persona a cui non dai amore con facilità sei tu. Sii quell'amore per te stesso e sarai denaro, sarai gioia e sarai facilità.

CAPITOLO NOVE

Chiudi gli occhi e visualizza i soldi; di che colore sono e quante dimensioni hanno?

Rasputin: Chiudi gli occhi e visualizza i soldi, di che colore sono? Quante dimensioni hanno? Qualcuno...

Studente: Tre dimensioni.

R: Sono blu e di tre dimensioni, eh?

S: Multidimensionali?

S: Verdi e a due dimensioni.

S: Verdi e a tre dimensioni.

R: È interessante che sia a due dimensioni per la maggior parte di voi. Alcuni di voi lo vedono in modo multidimensionale. Altri a tre dimensioni.

S: Io avevo uno spazio completamente aperto.

R: Uno spazio completamente aperto è un po' meglio. Uno spazio completamente aperto è dove il denaro dovrebbe essere. Senti questa energia. Allora, il denaro può arrivare da tutte le parti, giusto? Ed è ovunque. Quando vedi il denaro come uno spazio completamente aperto, allora non c'è scarsità, giusto? Il denaro non viene visto in modo limitato, non ha forma, non ha struttura, non ha importanza.

S: E nessun colore?

R: E nessun colore. Voi state guardando i dollari americani, ma che cosa ne dite dell'oro? È verde e ha tre lati? No. E l'argento? Be', è un po' iridescente a volte, ma anche quello non è abbastanza. Ed è liquido? Avete colori liquidi?

S: No.

R: Cosa ne dite dell'uomo del negozio? In che modo vorreste parlare con lui? State andando in un negozio per comprare? Che presupposto...

S: È caro.

R: È uno spazio completamente aperto, ma voi... Stiamo parlando di permettere a voi stessi di avere così tanto denaro che viene a voi da non doverci mai pensare. Quando andate in un negozio, guardate il prezzo di ogni cosa, e per ogni cosa che comprate lo aggiungete per vedere quant'è il totale, per vedere se avete abbastanza denaro?

S: A volte ho paura di aprire l'estratto conto della carta di credito.

R: Esattamente. Non aprite gli estratti conto delle carte di credito se non volete sapere quanti soldi avete. Perché sapete di non avere abbastanza soldi per pagarli. Automaticamente, avete dato per scontato questo.

S: Semplicemente non lo voglio guardare.

R: Non vuoi?

S: Non voglio guardarlo.

R: Scrivilo.

S: *Volere, volere, volere, volere.*

R: *Volere*. Scrivilo e poi strappa il foglio. Mai più *volere*, mai più *bisogno*! Non sono permessi.

CAPITOLO DIECI

Per te è più facile avere flusso di denaro
in entrata o in uscita?

Rasputin: La prossima domanda

Studente: Per te è più facile avere flusso di denaro in entrata o in uscita?

R: C'è qualcuno qui che ha risposto che il flusso in entrata è più facile?

S: Chi l'ha fatto ha mentito. Io so di non averlo fatto.

R: Giusto. Considerando il fatto che non guardi l'estratto conto della tua carta di credito, non sarebbe stato di certo la verità.

S: Io non sono sicura di cosa sia più facile.

R: "Non sono sicura": interessante punto di vista!

Quindi, per tutti voi, l'idea che il denaro fluisca in uscita è molto spesso il punto di vista più importante al quale vi aggrappate. "È così facile spendere denaro. È così difficile lavorare. Devo lavorare duro per fare soldi." Interessante punto di vista, eh? Chi sta creando quei punti di vista? Voi! Sentite il denaro, sentite l'energia entrare nel vostro corpo. Sta entrando da ogni parte, sentitela entrare. Adesso fate fluire l'energia verso l'esterno davanti a voi. Sentitela entrare da dietro e consentite a questo flusso di essere di pari intensità. Ora sentite centinaia di dollari uscire davanti a voi e centinaia di dollari entrare da dietro di voi.

Bene. Sentite migliaia di dollari uscire davanti a voi e migliaia di dollari entrare da dietro di voi. Notate come, per la maggior parte di voi, questo processo è diventato un po' più solido. Alleggeritevi, non è denaro, non è importante e non dovete neanche tirarlo fuori dalle tasche.

Adesso lasciate che milioni di dollari escano davanti a voi e milioni di dollari entrino da dietro. Notate che è più facile con milioni di dollari piuttosto che con migliaia di dollari, perché avete dato importanza a quanto denaro potete avere, e quando arrivate ai milioni, non ha più nessuna importanza.

S: Perché?

R: Perché non pensate che avrete mai un milione di dollari e quindi è irrilevante.

S: Io ho avuto più problemi a lasciare che il denaro entrasse da dietro, e penso che forse ne avrò ancora.

R: Forse, ma sei decisamente più disponibile a lasciare che il denaro fluisca verso l'esterno rispetto a quanto sei disponibile a lasciare che il denaro fluisca verso di te. Questo è un altro interessante punto di vista.

L'energia che esce è uguale all'energia che entra? Sì, più o meno. Non ci sono limitazioni all'energia né limitazioni al denaro, tranne quelle che create voi stessi. Siete voi a guidare la vostra vita, e la create a partire dalle vostre scelte e dai vostri pensieri inconsapevoli. Prendete punti di vista dati per scontati, che si oppongono a voi. E lo fate da una condizione in cui pensate di non essere potere, in cui pensate che non avete potere e che non potete essere l'energia che siete.

CAPITOLO UNDICI

Quali sono i tuoi tre più gravi problemi con i soldi?

Rasputin: Qual è la prossima domanda?

Studente: Quali sono i tuoi tre più gravi problemi con i soldi?

R: Oh, questa è una buona domanda. Chi si offre volontario?

S: Io.

R: Ok, vieni qui.

S: Io ho molta paura di non avere soldi.

R: Abbiamo già parlato della paura. Hai ancora bisogno di vedere questo tema? Questo punto è chiaro a tutti? Il prossimo.

S: Io vorrei comprare un sacco di cose.

R: Ah, interessante punto di vista. Cosa ottieni comprando un sacco di cose? Tanto da fare, tante cose da curare. Riempi la tua vita con un sacco di cose. Quanto leggero ti senti?

S: Appesantito, e poi mi ritrovo a darle via; ai vicini, ai compleanni...

R: Quindi, che valore ha per te comprare tante cose?

S: Ce l'ho nel sangue.

R: Allora come mai è uno dei tuoi problemi?

S: Perché mi disturba.

R: Ti disturba comprare?

S: Sì.

R: Come intendi sopraffare il desiderio di comprare? Essendo potere, essendo consapevolezza, essendo controllo ed essendo creatività. E quando senti quel bisogno di comprare, la ragione per cui stai comprando è che dai per scontato di non avere abbastanza energia.

Porta l'energia dentro di te. Se vuoi interrompere la tua abitudine a comprare, dai dei soldi a un senzatetto o dalli in beneficenza o a un amico. Perché tu evidentemente hai deciso che avevi troppo denaro che stava entrando. Quindi devi essere sicuro di eguagliare il flusso, dal tuo punto di vista. Vedi come lo stai facendo?

S: Sì. In realtà ho troppo flusso di denaro in entrata.

R: Ci può essere troppo flusso di soldi in entrata in opposizione al flusso in uscita? No, è una realtà creata.

Il modo in cui tu esisti, ciò che tu stai dando per scontato, è che, se hai troppo denaro, non sei spirituale, non sei connesso all'energia divina.

Non importa, in verità. Ciò che importa è la scelta che fai su come creare la tua vita. Se la crei come energia, se la crei come potere, se la crei come consapevolezza e la crei come controllo, avrai gioia nella vita, che è ciò che stai cercando principalmente di ottenere. Facilità, gioia e gloria: questo è ciò che desideri, questo è ciò che insegui ed è lì che stai andando.

Questo è ciò che otterrete tutti se seguite le indicazioni che vi abbiamo dato stasera. Abbiamo visto tutte le domande?

S: Se ho denaro e sento che qualcun altro non ne ha, quindi dovrei dargliene... Così non ne ho più così tanto. Oppure mi preoccupo...

R: Come sarebbe dare agli altri energia?

S: Dare agli altri energia invece di dare denaro?

R: Sì, è lo stesso.

S: Quindi, quando qualcuno fa l'elemosina in metropolitana, io semplicemente...

R: Devi solo...

S: Loro chiedono soldi e io semplicemente...

R: Non hai inspirato energia qui stasera?

S: Sì.

R: Non hai ingurgitato il tuo pieno di energia? Qual è lo scopo di ingurgitare? Ottenere energia. Qual è lo scopo del denaro? Avere energia. Qual è lo scopo di respirare? Avere energia. Non c'è nessuna differenza.

S: Di sicuro sembra diverso.

R: Soltanto perché hai deciso che lo è e lo hai creato diverso. Il presupposto è che ci sia una differenza.

S: Giusto.

R: Quando dai per scontato quel presupposto, cominci a creare partendo da quella posizione che crea mancanza di denaro e mancanza di energia.

S: A me non sembra proprio giusto, perché in quella parte che stai dando per scontata c'è che sono un essere umano, che...

R: Be', quello è un brutto presupposto.

S: Vivo in una società umana, con creazioni quali il pane, l'acqua, il tempo, il governo...

R: Quindi ti stai creando in quanto corpo.

S: Mi sto creando in quanto S, nel 1996, a New York.

R: Ti stai creando in quanto corpo. È lì che speri di essere veramente? Sei felice lì?

S: Be'...

R: No!

S: Quando sono stato fuori dal corpo, c'erano altri posti che sembravano molto peggio, quindi questo mi è sembrato un buon posto dove fermarmi, per vedere come potevo risolvere questo problema.

R: Giusto. Ma in qualunque posto tu sia, crei la realtà in base ai tuoi punti di vista.

S: Non mi sembra che sia così, mi sembra che altri creino insieme a me o per me, al di sopra di me. Non penso di poter essere completamente certo di questo. Non credo, forse...

R: Non controlli quello che dici?

S: Quello che tu dici... Voglio dire, tu e io siamo connessi in qualche modo,

e chiunque lo è, ma... il paradosso è che tu sei un essere spirituale, e io non mi faccio domande su questo.

R: Anche tu lo sei.

S: E noi siamo delle persone che stanno condividendo una certa realtà qui, a New York nel 1996. Io sono dentro di te, in qualche modo, non penso di essere te.

R: Questo è giusto, è ciò di cui abbiamo parlato. Non pensare. Ogni volta che pensi ...

S: Ho un problema.

R: Hai un problema.

S: Esatto.

R: Allora getta via il tuo cervello, è un inutile ammasso di macerie.

S: E semplicemente salto giù dal tetto.

R: Salta giù dal tetto e comincia a fluttuare come l'Essere che sei. Quando getti via il cervello e fermi il processo del pensiero... Ogni pensiero ha una componente elettrica collegata, che crea la realtà. Ogni volta che pensi: "Io sono questo", "Io sono un corpo", quello è esattamente ciò che diventi. Tu non sei S, sei un'immagine di S in questo momento, ma sei stato in milioni di altre vite con milioni di altre identità. E anche adesso continui a essere quelle identità. La tua coscienza, che dal tuo punto di vista è la parte più grande di te, è qui adesso. Anche questa non è una realtà.

Quando ti disconnetterai dal pensiero che la tua realtà è creata in questo momento con la tua coscienza, e comincerai a vedere da dove hai preso altre idee, altri punti di vista, e le caratteristiche, le credenze, le decisioni e le idee di altre persone, inizierai a connetterti con quelle altre dimensioni che possono darti una realtà più grande, su questo piano di esistenza, di qualunque altra cosa tu stia cercando di creare in questo momento grazie al processo dei tuoi pensieri. Ed è proprio lì che desideri andare veramente.

Il pensiero mette i bastoni tra le ruote al piacere di vivere, perché non è un processo creativo, è una trappola. La prossima domanda.

CAPITOLO DODICI

Hai più soldi o più debiti?

Rasputin: La prossima domanda.

Studente: Hai più soldi o più debiti?

R: Avete più soldi o più debiti?

S: Debiti.

S: Debiti.

R: Debiti, debiti, debiti, debiti. Interessante, avete tutti dei debiti. Come mai avete dei debiti? Sentite la parola *debito*.

S: È pesante.

S: Sì.

R: Sembra una tonnellata di mattoni. Allora vi daremo un piccolo suggerimento per alleggerirla. Perché lo sentite su di voi con una tale pesantezza, che comprate il punto di vista che questa sia la cosa più importante per voi, giusto? Perché è pesante, perché è importante, perché è solido. E aggiungete debiti su debiti, perché comprate l'idea che è giusto avere dei debiti, comprate l'idea che si debba avere dei debiti e comprate l'idea che non potete avere abbastanza soldi se non contraete debiti. Questa cosa è reale?

S: Sì.

R: Interessante punto di vista. È reale?

S: Questo è ciò che ho sempre pensato.

R: Lo pensi ancora?

S: No.

R: Bene. Allora come ti liberi dai conti e dai debiti? Pagando le tue spese del passato. Puoi trasformare le tue spese del passato in una solidità? Sentilo, lo senti come debito?

S: No, non c'è nessun giudizio su questo.

R: Nessun giudizio, esatto. Invece giudichi te stesso, in modo consistente, in merito ai tuoi debiti, no? E quando ti giudichi, chi ti sta prendendo a calci?

S: Io stesso.

R: Giusto. Quindi, perché sei arrabbiato con te stesso per aver creato dei debiti? Be', dovresti esserlo. Sei un grande e glorioso creatore di debito, hai creato debiti magnifici, no?

S: Oh, sì.

R: "Ragazzi, sono bravo a creare debiti!" Guarda il glorioso creatore che sei in quanto debito. Sii il glorioso creatore che sei per pagare le tue spese del passato. Senti la leggerezza nelle spese del passato, in questo modo crei un cambiamento nella tua coscienza. La leggerezza è lo strumento. Nel momento in cui tu sei leggero in quanto denaro, crei uno spostamento e un cambiamento nella tua coscienza e in chiunque altro intorno a te. E crei un'energia dinamica che comincia a spostare la totalità dell'area nella quale vivi e il modo in cui ricevi il denaro, il modo in cui viene a te, e come funziona ogni cosa nella tua vita.

Ma sappi che sei un creatore grande e glorioso e che ogni cosa che hai creato nel passato è esattamente ciò che hai detto che sarebbe stato e ciò che creerai nel futuro sarà esattamente ciò che creerai in base alle scelte che fai. Passiamo alla prossima domanda.

CAPITOLO TREDICI

Per avere abbondanza di denaro nella tua vita, quali sarebbero le tre soluzioni per la tua attuale situazione economica?

Rasputin: Abbiamo ancora due domande.

Studente: Ancora una domanda.

R: Ancora una. Qual è l'ultima domanda?

S: Per avere abbondanza di denaro nella tua vita, quali sarebbero le tre soluzioni alla tua attuale situazione economica?

R: Chi si offre volontario per questa?

S: Io.

R: Ok.

S: Fare ciò che amo e farlo al meglio.

R: Fare ciò che amo e farlo al meglio?

S: Sì.

R: Cosa ti fa pensare che non puoi fare ciò che ami e farlo al meglio? E qual è il presupposto di base qui?

S: Che mi manca il denaro per arrivarci.

R: Che cosa ami fare al meglio?

S: Amo fare giardinaggio e fare guarigioni.

R: Giardinaggio e guarigioni? Stai facendo queste cose?

S: A volte.

R: Allora cosa ti fa pensare che non stai ottenendo ciò che desideri?

S: Hm...

R: Il fatto che passi otto ore al giorno a fare qualcosa che odi?

S: Esatto.

R: Chi ha creato questa realtà?

S: Ma...

R: Non hanno bisogno di giardinieri in questa città? Come mai non sei diventato un giardiniere, se ti piace fare giardinaggio?

S: Sto cercando di farlo, sto cercando di fare in modo che accada, ma io...

R: Qual è il presupposto di base sottostante in base al quale stai funzionando? Il tempo.

S: Il tempo, sì.

R: Già.

S: Non c'è stato tempo per creare.

R: Sì. Non c'è stato tempo per creare!

Di cosa abbiamo parlato all'inizio? Di creatività, di creare la visione. Di potere, essere "io sono potere". Tu stai dando energia a ciò che desideri, hai consapevolezza del fatto che sai che lo avrai. Dove mini continuamente il fatto che sai che avrai ciò che desideri? Lo fai ogni giorno quando vai al lavoro e dici: "Non ce l'ho ancora fatta".

S: Questo è vero.

R: Cosa stai creando partendo da quel punto di vista? Di nuovo il fatto che non hai ancora raggiunto la meta e che non lo farai neanche domani, perché possiedi ancora l'idea che non ce l'hai fatta.

Ti sei anche fatto prendere la mano dal controllo e hai deciso che ci deve essere un particolare percorso che deve essere seguito per arrivare alla meta. Non puoi sapere se il percorso per arrivare a fare il giardiniere è che tu debba essere licenziato, giusto? Ma, se decidi che l'unico modo in cui ce la puoi fare è continuando a fare questo lavoro che odi, perché ti darà la libertà di andare dove ti piacerebbe andare, crei una delimitazione e un percorso, un modo in cui andare verso la tua meta, che non permette all'universo abbondante di provvedere a fornirti la strada per te.

Adesso vi diamo un'altra piccola frase che dovrete scrivere e appendere in un punto in cui la potete vedere tutti i giorni: "**Io permetto all'universo abbondante di fornirmi una molteplicità di opportunità, tutte designate ad abbracciare e supportare la mia crescita, la mia consapevolezza e la mia espressione gioiosa della vita**". Questo è il vostro obiettivo, qui è dove state andando.

R: S, qual è la tua prossima risposta?

S: Essere senza debiti, così posso riprendermi ed essere libero.

R: Essere senza debiti. Qual è il presupposto di base in questo caso? "Non sarò mai senza debiti" e "ho dei debiti". Quindi, cosa dici a te stesso ogni giorno? "Ho dei debiti, ho dei debiti, ho dei debiti, ho dei debiti, ho dei debiti, ho dei debiti, ho dei debiti." Quanti di voi hanno dei debiti?

S: Tutti li abbiamo, probabilmente.

R: E quanti di voi dicono questo con grande abbondanza e diligenza?

S: Io no.

S: Diligenza?!

R: Allora non dovrete creare partendo da lì. Create partendo da "io sono denaro". Non preoccupatevi di ciò che chiamate "debiti", pagateli un po' per volta. Voi vorreste pagarli istantaneamente. Prendete invece il 10% di tutto ciò che guadagnate e pagateci i debiti.

E non chiamateli "debiti". Ascoltate il suono di "debiti". Suona veramente bene, eh? Chiamateli "spese del passato".

S: Lo farò!

S: È fantastico, è veramente fantastico.

R: È difficile dire: "Io sono le spese del passato", no? È difficile dire: "Io sono nelle spese del passato." Ma dire: "Io sto pagando le spese del passato" è facile.

Vedi come uscire dai debiti? Inoltre, non dobbiamo ignorare l'aspetto della libertà. Il punto di vista che sta alla base è che non hai libertà, che significa che non hai potere, che significa che non hai scelta. È veramente così?

S: No.

R: No. Tu hai scelto le tue esperienze. Cosa riguardavano le esperienze della tua vita? La creazione di una consapevolezza sempre maggiore dentro di te. Nulla di ciò che hai scelto nel passato ha avuto altro scopo che non fosse quello di risvegliarti alla realtà e alla verità di chi sei, altrimenti non saresti qui stasera.

S: Puoi ripetere, per favore?

R: Niente di ciò che hai fatto o scelto nella tua vita ha avuto altro scopo che non fosse il risvegliarti alla verità di chi sei, altrimenti non saresti qui questa sera. Che ne dici? Che ne dici? L'abbiamo ripetuto, parola per parola.

Il tuo prossimo punto di vista?

S: Vivere una vita più semplice.

R: Che cazzata!

S: Lo so. Me ne sono reso conto anche mentre lo scrivevo.

R: Nessuno di voi desidera una vita più semplice. Vuoi una vita più semplice? È molto facile: muori! Così hai una vita più semplice. La morte è facile. La vita, invece, è abbondanza di esperienze. La vita è abbondanza di ogni cosa, la vita è abbondanza di gioia, abbondanza di facilità, abbondanza di gloria, e la realtà e la verità di chi sei. Sei energia illimitata, sei, nella tua totalità, tutto ciò di cui è fatto questo mondo, e ogni volta che scegli di essere denaro, di essere consapevolezza, di essere controllo, di essere potere, di essere creatività, trasformi questo piano fisico in un piano in cui le persone possono veramente vivere con assoluta consapevolezza, assoluta gioia e assoluta abbondanza. Non solo tu, ma ogni altro essere su questo piano è influenzato dalle scelte che fai. Perché tu sei gli altri e gli altri sono te.

Nel momento in cui tu alleggerisci le tue considerazioni, nel momento in cui non trasmetti e non fornisci agli altri le tue considerazioni, crei un pianeta più leggero, una civiltà risvegliata e più consapevole. E ciò che hai desiderato, ciò a cui hai anelato, il luogo della pace e della gioia, diviene fruibile. Ma voi siete i creatori di tutto ciò! Siate nel sapere di tutto questo, siate nella gioia di tutto questo e continuate a dare energia a questo.

Adesso ripetiamo un'altra volta quelli che sono i vostri strumenti. Quando sentite l'energia dei pensieri che riguardano il denaro emergere in voi e la sentite spingere, invertite il verso e fate uscire l'energia da voi, fino a quando potete sentire nuovamente lo spazio che siete.

Allora saprete che quei pensieri non sono voi e che voi avete creato quella realtà. Ricordate che create la visione di ciò che avrete connettendovi al potere, all'energia del potere, ed essendo consapevoli che, poiché la pensate, è una realtà che è già in esistenza. Non dovete controllare come arriva, voi siete controllo e quindi accadrà con la velocità con cui l'universo abbondante può provvedere per voi.

E lo farà, non giudicate.

Vivete nella gratitudine ogni giorno per ogni cosa che manifestate.

Quando ricevete un dollaro, sentitevi grati; quando ricevete 500 dollari, provate gratitudine; quando ricevete 5000 dollari, siate nella gratitudine.

Ciò che chiamate "debiti", chiamateli "spese del passato".

Non possedete niente nella vita, perché non esiste il passato, non esiste il futuro, ci sono solo questi dieci secondi a partire dai quali create la vostra vita.

Scrivete il mantra: "Tutto della vita mi viene con facilità, gioia e gloria" e mettetelo in bella vista davanti a voi. Dite: "Io sono potere, io sono consapevolezza, io sono controllo, io sono creatività, io sono denaro". Dieci volte la mattina, dieci volte la sera. Scrivete questa frase e mettetela in un punto dove la potete vedere e condividere con altri: "Io consento all'universo abbondante di fornirmi una molteplicità di opportunità designate ad abbracciare e supportare la mia crescita, la mia consapevolezza e la mia espressione gioiosa della vita".

E siatelo, perché questa è la verità di chi siete. Per stasera è abbastanza.

Siate denaro in ogni aspetto della vostra vita. Vi lasciamo in amore. Buonanotte.

ACCESS CONSCIOUSNESS®

Tutta la Vita Ci Viene con Facilità, Gioia e Gloria!™

www.accessconsciousness.com

Milton Keynes UK
Ingram Content Group UK Ltd.
UKHW052301290324
440241UK00012B/407

9 781634 930260